BLOCKCHAIN PARA NEGÓCIOS

BLOCKCHAIN PARA NEGÓCIOS

*Promessa, Prática e Aplicação da
Nova Tecnologia da Internet*

WILLIAM MOUGAYAR
PREFÁCIO POR VITALIK BUTERIN

ALTA BOOKS
EDITORA
Rio de Janeiro, 2017

Blockchain para Negócios — Promessa, Prática e Aplicação da Nova Tecnologia da Internet
Copyright © 2017 da Starlin Alta Editora e Consultoria Eireli. ISBN: 978-85-508-0067-7

Translated from original The Business Blockchain – Promise, Practice, and Application of the Next Internet Technology by William Mougayar. Copyright © 2016 by William Mougayar. ISBN 978-1-119-30031-1. This translation is published and sold by permission of John Wiley & Sons, Inc., the owner of all rights to publish and sell the same. PORTUGUESE language edition published by Starlin Alta Editora e Consultoria Eireli, Copyright © 2017 by Starlin Alta Editora e Consultoria Eireli.

Todos os direitos estão reservados e protegidos por Lei. Nenhuma parte deste livro, sem autorização prévia por escrito da editora, poderá ser reproduzida ou transmitida. A violação dos Direitos Autorais é crime estabelecido na Lei nº 9.610/98 e com punição de acordo com o artigo 184 do Código Penal.

A editora não se responsabiliza pelo conteúdo da obra, formulada exclusivamente pelo(s) autor(es).

Marcas Registradas: Todos os termos mencionados e reconhecidos como Marca Registrada e/ou Comercial são de responsabilidade de seus proprietários. A editora informa não estar associada a nenhum produto e/ou fornecedor apresentado no livro.

Impresso no Brasil — 1ª Edição, 2017 - Edição revisada conforme o Acordo Ortográfico da Língua Portuguesa de 2009.

Obra disponível para venda corporativa e/ou personalizada. Para mais informações, fale com projetos@altabooks.com.br

Produção Editorial Editora Alta Books	**Gerência Editorial** Anderson Vieira	**Marketing Editorial** Silas Amaro marketing@altabooks.com.br	**Gerência de Captação e Contratação de Obras** autoria@altabooks.com.br	**Vendas Atacado e Varejo** Daniele Fonseca
Produtor Editorial Claudia Braga Thiê Alves	**Supervisão de Qualidade Editorial** Sergio de Souza			Viviane Paiva comercial@altabooks.com.br **Ouvidoria** ouvidoria@altabooks.com.br
Produtor Editorial (Design) Aurélio Corrêa	**Assistente Editorial** Juliana de Oliveira			

Equipe Editorial	Bianca Teodoro	Christian Danniel	Illysabelle Trajano	Renan Castro

Tradução Vivian Sbravatti	**Copidesque** Alessandro Thomé	**Revisão Gramatical** Carolina Gaio Wellington Nascimento	**Revisão Técnica** Marcelo Bradaschia *Cofundador da FinTech Lab*	**Diagramação** Luisa Maria Gomes

Erratas e arquivos de apoio: No site da editora relatamos, com a devida correção, qualquer erro encontrado em nossos livros, bem como disponibilizamos arquivos de apoio se aplicáveis à obra em questão.
Acesse o site www.altabooks.com.br e procure pelo título do livro desejado para ter acesso às erratas, aos arquivos de apoio e/ou a outros conteúdos aplicáveis à obra.
Suporte Técnico: A obra é comercializada na forma em que está, sem direito a suporte técnico ou orientação pessoal exclusiva ao leitor.

Dados Internacionais de Catalogação na Publicação (CIP)
Vagner Rodolfo CRB-8/9410

M924b	Mougayar, William
	  Blockchain para negócios: promessa, prática e aplicação da nova tecnologia da internet / William Mougayar ; traduzido por Vivian Sbravatti. - Rio de Janeiro : Alta Books, 2017.
	  224 p. : il. ; 14cm x 21cm.
	
	  Tradução de: The Business Blockchain
	  Inclui índice, bibliografia e anexo.
	  ISBN: 978-85-508-0067-7
	
	  1. Tecnologia da Informação. 2. Blockchain. 3. Negócios. I. Sbravatti, Vivian. II. Título.
	
	                                                                                        CDD 004
	                                                                                        CDU 004

Rua Viúva Cláudio, 291 - Bairro Industrial do Jacaré
CEP: 20.970-031 - Rio de Janeiro (RJ)
Tels.: (21) 3278-8069 / 3278-8419
www.altabooks.com.br — altabooks@altabooks.com.br
www.facebook.com/altabooks — www.instagram.com/altabooks

*Para meus pais, que
continuam ao meu lado.*

*Para Maureen, com quem
tudo é possível.*

*E para nosso amado cachorro, Pasha,
o pequeno Bichon Frisé corajoso.
Você encheu meu coração para sempre.*

SUMÁRIO

Prefácio ix

Prefácio da Edição Brasileira xv

Agradecimentos xvii

Um Prefácio Pessoal xxi

Introdução xxvii

1 O que É o Blockchain? 1

2 Como a Confiança do Blockchain se Infiltra 31

3 Obstáculos, Desafios e Bloqueios Mentais 65

4 Blockchain em Serviços Financeiros 89

5 Indústrias-modelo & Novos Intermediários 113

6 Implementando a Tecnologia Blockchain 131

7 A Descentralização como Futuro 155

Epílogo 175

Bibliografia Selecionada 179

Recursos Adicionais 183

Sobre o Autor 185

Índice 187

PREFÁCIO

ESTA DÉCADA É UM MOMENTO INTERESSANTE para o desenvolvimento de tecnologias descentralizadas. Embora criptógrafos, matemáticos e programadores tenham trabalhado em protocolos cada vez mais específicos e avançados para conseguir privacidade e autenticidade mais fortes e garantias fora de vários sistemas — de dinheiro eletrônico a votos e transferência de arquivos —, o progresso foi lento por mais de 30 anos. A inovação do blockchain — ou, mais genericamente, a inovação do consenso econômico público de Satoshi Nakamoto, em 2009 — provou ser a peça faltante do quebra-cabeça que, sozinha, permitiu à indústria dar seu próximo e gigantesco passo adiante.

A atmosfera política pareceu se encaixar: a grande crise financeira de 2008 estimulou uma desconfiança crescente na economia, o que incluiu tanto as corporações quanto os governos, que normalmente deveriam regulá-las, e foi o pontapé que levou muitas pessoas a procurarem alternativas. Logo em seguida, as revelações de Edward Snowden, em 2013, que destacou quão ativo o governo era em esferas nas quais os cidadãos acreditavam ter privacidade, foram a cereja do bolo. Apesar de as tecnologias de blockchain não terem sido adotadas de maneira ampla como resultado, o espírito de descentralização que as embasa em grande parte o foi.

Aplicações que vão de celulares da Apple ao WhatsApp começaram a desenvolver criptografias tão fortes que mesmo as empresas que escrevem o software e lidam com os servidores não con-

[ix]

seguem quebrá-las. Para aqueles que acham que as corporações, e não o governo, são o fantasma, o advento do "consumo compartilhado 1.0" está mostrando sinais de fracasso no cumprimento do que muitos pensaram ser sua promessa. Em vez de simplesmente cortar intermediários arraigados e oligopolistas, gigantes como o Uber estão substituindo os intermediários por eles mesmos, e nem sempre conseguem entregar um resultado melhor.

Blockchains, e todas as tecnologias relacionadas que eu chamo de "crypto 2.0", fornecem uma solução atrativa. Em vez de esperar que as partes com as quais interagimos ajam honrosamente, estamos criando sistemas tecnológicos que inerentemente incluem as propriedades desejadas no sistema, de maneira que elas continuarão funcionando com as garantias que esperamos, mesmo que muitos dos atores envolvidos sejam corruptos.

Todas as transações que ocorrem por meio do "crypto 2.0" vêm com rastros auditáveis de provas criptográficas. As redes descentralizadas peer-to-peer podem ser utilizadas para reduzir a confiança em qualquer servidor individualmente; a chave criptográfica pública poderia criar uma noção de identidades portáteis controladas pelo usuário. Tipos mais avançados de matemática, incluindo assinaturas em anel, criptografias homomórficas e provas de conhecimento-zero, garantem privacidade, permitindo que usuários abram seus dados de modo que algumas propriedades possam ser verificadas, e até mesmo computadas, sem realmente revelar nenhum detalhe privado.

No entanto, o mais surpreendente para os que recém-adotaram essa tecnologia é o quão rápido a adoção institucional se espalhou nos últimos dois anos. De 2011 a 2013, o cenário blockchain — ou, realisticamente, o que era chamado de cenário "Bitcoin" — era, em essência, criptoanarquista, com revolucionários idealistas animados com a ideia de "lutar contra o poder" (ou, mais precisamente, dispersar o poder). Hoje, em 2016, todos os anúncios mais interessantes têm a ver com o anúncio de alguma colaboração com a IBM ou a

Microsoft, uma pesquisa feita pelo Bank of England, ou um consórcio bancário anunciando outra rodada com novos membros.

O que aconteceu? Em parte, eu concordaria que os criptoanarquistas subestimaram o quão flexíveis, tecnológicas, progressivas, e até mesmo idealistas as grandes corporações e os bancos podem ser. Nós geralmente esquecemos que as corporações são feitas de pessoas, que geralmente têm valores e preocupações parecidas com os de pessoas comuns. Parece que "a máquina da confiança", como o jornal *The Economist* a chama, é puramente uma substituta para as âncoras centralizadas de confiança, tanto nas finanças quanto em quaisquer outros setores, que creem na reputação do mundo real e na fiscalização regulatória, mas a realidade é muito mais complexa. Na verdade, as instituições não confiam completamente umas nas outras, e instituições centralizadas em uma indústria estão tão preocupadas com a centralização em outras indústrias quanto as pessoas comuns. As companhias de energia, que estão envolvidas na produção e venda da eletricidade, estão tão felizes vendendo para um mercado descentralizado quanto para um centralizado, e elas podem até preferir a versão descentralizada se houver um corte menor.

Além disso, muitas empresas já estão descentralizadas (em uma extensão que muitas pessoas de fora dessas indústrias não valorizam), mas de um modo ineficiente — uma maneira que requer que cada companhia mantenha sua própria infraestrutura no que concerne ao gerenciamento de usuários, transações e datas, e no que se refere a realizar conciliações com os sistemas de outras empresas sempre que precisam interagir. A consolidação ao redor de um líder de mercado, na verdade, faria com que essas empresas fossem mais eficientes. Mas nem os competidores deste líder em potencial nem os reguladores da antitruste querem aceitar esse resultado, o que leva a um beco sem saída. Até agora. Com o advento de bases de dados descentralizadas que podem tecnologicamente replicar os ganhos do efeito da rede de conexões de um único monopólio, todos conseguem se unir e se alinhar a seu favor, sem criar esta centralização, com todas as consequências negativas que vêm com ela.

Essa é a história que conduz o interesse de cadeias de consórcios em finanças, aplicações blockchain na indústria da cadeia de suprimentos e sistemas de identidade baseados em blockchain. Eles utilizam bases de dados descentralizadas para replicar os ganhos resultantes do fato de todos estarem em apenas uma plataforma, sem os custos de ter que chegar a um acordo sobre quem controlará a plataforma e então ter que lidar com essa pessoa se ela abusar da posição de monopólio.

Nos primeiros quatro anos após Satoshi lançar o Bitcoin, em janeiro de 2009, houve muita atenção focada na moeda, incluindo seus aspectos de pagamento e seu funcionamento como uma forma alternativa de se estocar valor. Em 2013, a atenção começou a se voltar para aplicações "blockchain 2.0": o uso da mesma tecnologia em que se baseia a segurança e na descentralização do Bitcoin em outras aplicações, indo do domínio do registro de nome, contratos financeiros, financiamento colaborativo e até mesmo a jogos. A visão central por trás da minha própria plataforma, a Ethereum, era a de que uma linguagem de programação Turing completa, embutida no protocolo da camada de base, poderia ser utilizada como a abstração definitiva, permitindo que desenvolvedores criassem aplicações com qualquer tipo de lógica ou propósito de negócios, enquanto teriam os benefícios das propriedades centrais do blockchain. Mais ou menos na mesma época, sistemas tais como os da plataforma de armazenamento descentralizado InterPlanetary File System (IPFS) começaram a surgir, e criptógrafos desenvolveram novas ferramentas poderosas que poderiam ser utilizadas em combinação com a tecnologia blockchain para adicionar privacidade, em particular zk-SNARKs, ou Zero-knowledge Succinct Non-interactive ARgument Knowledge. A combinação da computação blockchain Turing completa, as redes não blockchain descentralizadas que utilizavam tecnologias de criptografia similares e a integração de blockchains com criptografia avançada foram o que escolhi chamar de "crypto 2.0" — um nome que pode ser ambíguo, mas que sinto que captura melhor o espírito do movimento em sua forma mais ampla.

O que é crypto 3.0? Em parte, a continuação de algumas das tendências da crypto 2.0, e especialmente protocolos generalizados que forneçam tanto a abstração computacional quanto a privacidade. Mas tão importante quanto ela é a principal questão tecnológica sobre o blockchain colocada à mesa: a escalabilidade. Atualmente, todos os protocolos blockchain existentes têm a propriedade de que todo computador na rede deve processar toda transação — uma propriedade que fornece altos níveis de tolerância a falhas e segurança, mas a custo de garantir que o poder de processamento da rede seja limitado pelo poder de processamento de um único nó.

A crypto 3.0 — pelo menos para mim — consiste de abordagens que vão além dessa limitação, em uma das formas de criar sistemas que ultrapassam a limitação e realmente alcançam a escala necessária para dar apoio à adoção geral (tecnicamente, leitores astutos podem ter ouvido falar em "redes relâmpago", "canais estatais" e "particionamento horizontal").

Então também há a questão da adoção. Além do simples caso do uso da moeda, em 2015, a "crypto 2.0" viu muita gente falando sobre isso, desenvolvedores lançando plataformas de base, mas ainda não havia nenhuma aplicação relevante. Em 2016, estamos vendo tanto startups quanto atores institucionais desenvolverem provas de conceitos. É claro, a grande maioria nunca chegará a lugar algum, e aos poucos irão murchando e morrerão. Isso é inevitável em qualquer campo. No empreendedorismo é fato que 90% de todos os novos negócios fracassam. Mas os 10% que obtêm sucesso provavelmente chegarão ao ponto em que seus produtos alcançarão milhões de pessoas — e é aí que a diversão começa.

Talvez o livro do William te inspire a entender e, talvez, se unir ao aperfeiçoamento do ramo do blockchain.

Vitalik Buterin

Inventor da Ethereum e cientista-chefe,
Fundação Ethereum

2 DE ABRIL DE 2016

PREFÁCIO DA EDIÇÃO BRASILEIRA

TALVEZ POUCOS ASSUNTOS TENHAM movimentado tanto a comunidade financeira como a discussão sobre as possibilidades de revolução do blockchain no mundo.

Durante os últimos anos, protocolos foram criados para diferentes tipos de necessidades, como o SMTP para a troca de emails, o FTP para a troca de arquivos, o HTTP para acesso a conteúdos, entre outros. Faltava resolver os problemas para a troca de valores. O blockchain inicialmente nasce com esta proposta, suportando um dos maiores eventos econômicos da história moderna, o lançamento do Bitcoin — uma moeda virtual, de gestão descentralizada, sem controle de um Banco Central e sem fronteiras geográficas.

Apesar de ser um tema recente, as pesquisas estão avançando em uma grande velocidade. Não apenas o blockchain tem sido foco desses trabalhos, mas também outros modelos de Distributed Ledger Technology (DLTs), tem sido avaliados como solução para diferentes tipos de problemas.

Como exemplo disso, em 2015, foi formado o Consórcio R3 (R3CEV), que hoje possui mais de 70 associados, tais como Barclays, JP Morgan, BBVA, Citi, entre outros, com o objetivo de pesquisar as aplicações práticas de redes descentralizadas no sistema financeiro. Alguns dos principais bancos brasileiros já fazem parte deste grupo.

Apesar de ainda haverem poucos casos práticos de sucesso implementados, não existe dúvida de que a tecnologia é revolucionária, sendo que bilhões de dólares vêm sendo investidos em pesquisas em todo o mundo.

Algumas barreiras precisam ser transpostas, como a capacidade de processamento de grandes volumes de informação, o tempo necessário para que as transações sejam registradas na rede, permissionamento e anonimato, integração de diferentes partes envolvidas em um mesmo novo modelo operacional, entre outros. Mas é questão de tempo. Quem estiver à frente deste movimento certamente terá vantagem em relação aos céticos, antigos defensores das máquinas de escrever.

E, apesar da origem do blockchain ser a de troca financeira, as oportunidades vão muito além. O surgimento dos *smart contracts* abre um novo mundo de possibilidades para o desenvolvimento de aplicações revolucionárias em diferentes mercados. Em lugares onde existe a necessidade de imutabilidade de informações, transparência entre partes, trocas de valores e de ativos entre pessoas e coisas, haverá uma possibilidade de revolução potencializada pelo blockchain.

É um orgulho apoiar a inserção de uma obra tão importante quanto esta no cenário brasileiro. William Mougayar nos ajuda a navegar nos mares das oportunidades, nos convidando a pensar em modelos de negócio que vão além da substituição das tecnologias existentes. Assim como a internet trouxe oportunidades muito além do que o simples ato de trazer folders das empresas para a rede, o blockchain e suas variações têm o potencial de tornar real o que era inimaginável há alguns meses.

Gostaria também de fazer um especial agradecimento ao Edilson Osório, talvez a maior referência sobre o tema no Brasil, que apoiou sempre de maneira tão generosa nossos chamados. O OriginalMy, sua plataforma para registro de propriedade de documentos digitais, prova como problemas tão presentes no nosso dia a dia, podem ser solucionados de forma tão criativa com o uso do blockchain.

Aos leitores, se acomodem em um lugar calmo e confortável... e se entreguem às possibilidades que estão à nossa frente. Boa leitura!

Marcelo Bradaschia

CoFundador da FintechLab

Novembro 2016

AGRADECIMENTOS

ALGUNS DIZEM QUE ESCREVER um livro é um trabalho de amor, e eles estão certos. Para mim, foi como montar um quebra-cabeça em uma tela para depois emoldurá-lo.

Escrever um livro é mais ou menos como uma troca de presentes. O autor passa um tempo enorme organizando e concentrando seus pensamentos na escrita. Em troca, os leitores doam seu tempo valioso. Algumas vezes, uma relação entre o autor e o leitor se desenvolve. No meu caso, dou as boas-vindas a qualquer leitor que desejar enviar um e-mail para wmougayar@gmail.com.

Quando me envolvi com a indústria de blockchain, muitas pessoas contribuíram para a formação de meus pensamentos e ideias, mas ninguém teve mais influência em minha educação do que Vitalik Buterin, criador e cientista-chefe da Ethereum. Sou profundamente grato por seu tempo e conhecimento, que ele compartilhou generosamente.

A todos os criadores, inovadores, pioneiros, líderes, empreendedores, startups, executivos de empresas e profissionais que estão vivendo este momento de revolução tecnológica, obrigado por me ajudar a ligar os pontos. Vocês são a luz no fim do túnel, apesar de alguns dos primeiros pontos de escuridão. Minhas interações com vocês têm sido inestimáveis. Obrigado por me darem um lugar no banco da frente com vocês, ou acesso aos bastidores de suas maravilhosas ações.

Correndo o risco de não mencionar algumas pessoas de meu círculo profissional, gostaria de expressar minha gratidão muito especial a Muneeb Ali, Ian Allison*, Juan Benet, Pascal Bouvier*, Chris Allen, Jerry Brito, Anthony Di Iorio, Leda Glyptis, Brian Hoffman*, Andrew Keys, Juan Llanos, Joseph Lubin, Adam Ludwin, Joel Monegro, Chris Owen, Sam Patterson, Denis Nazarov, Rodolfo Novak, Michael Perklin, Robert Sams*, Washington Sanchez, Amber Scott, Ryan Selkis, Barry Silbert, Ryan Shea, Ageensen Sri, Nick Sullivan, Nick Szabo, Tim Swanson, Simon Taylor*, Wayne Vaughan, Jesse Walden, Albert Wenger, Jeffrey Wilcke, Fred Wilson e Gavin Wood. Todos eles contribuíram, de maneiras diferentes, para o meu entendimento de Bitcoin, criptomoedas, blockchains e suas aplicações (descentralizadas), seja me ensinando, me mostrando, debatendo comigo ou permitindo que eu participasse um pouco de seu mundo, onde aprendi muito.

Um agradecimento especial ao editor-executivo da Wiley, Bill Falloon, que acreditou que conseguiríamos fazer este livro mais rápido do que a capacidade humana, e a Kevin Barret Kane, da The Frontispiece, que projetou e produziu o livro em cima da hora.

Finalmente, agradeço muito ao grupo de amigos que ajudou a apoiar a campanha Kickstarter deste livro, em fevereiro de 2016, o que fez com que esta produção fosse possível. Eu não poderia ter feito isso sem vocês e sem o apoio de Margot Atwell e John Dimatos, da Kickstarter.

Um em um milhão, o Apoiador Mais Generoso: Brad Feld (Foundry Group).

Apoiadores MUITO generosos: Jim Orlando (OMERS Ventures), Ryan Selkis (DCG) e Matthew Spoke (Deliotte).

Apoiadores SUPERESPECIAIS: Kevin Magee, Piet Van Overbeke, Christian Gheorghe e Jon Bradford.

Os indicados por um asterisco (*) foram gentis o bastante para revisar algumas partes do manuscrito final.

Apoiadores SUPERNOTÁVEIS: David Cohen (Techstars), Matthew Roszak (Bloq), Mark Templeton, Duncan Logan (RocketSpace), e Michael Dalesondro.

GRANDES apoiadores: Ahmed Alshais, Floyd Dcosta, Heino Dossing, Larry Erlich, Felix Frei, Jay Grieves, Emiel van der Hoek, Fergus Lemon, Amir Moulavi, Daniel A Greenspun, Michael O'Loughlin, Narry Singh, Amar Varma, Donna Brewington White, Neil Warren e Albert Wenger.

UM PREFÁCIO PESSOAL

NEM SEMPRE TIVE SORTE EM MUITAS COISAS, mas dei muita sorte em meu primeiro encontro com Vitalik Buterin, o principal inventor da Ethereum, que por coincidência morava na mesma cidade que eu: Toronto.

Em uma noite fria do começo de janeiro de 2014, Vitalik desceu as escadas do Bitcoin Decentral, em um estreito edifício na Avenida Spadina, uma hora antes do encontro semanal sobre Bitcoins, o Toronto Bitcoin Meetups, organizado por Anthony Di Iorio. Conversei com ele pela primeira vez, tentando entender algo que havia sido descrito para mim como "além do Bitcoin". Antes disso, passei seis meses tentando entender Bitcoin, e essa tecnologia Ethereum era novidade para mim.

Logo depois que nossa conversa começou, o ambiente começou a ficar cheio, com pessoas prontas para o início do encontro. Havia um burburinho especial porque Vitalik havia acabado de publicar sua pesquisa[1] sobre uma nova plataforma blockchain que deveria ser melhor do que o Bitcoin, e estava destinada a ser o próximo grande acontecimento.

Curioso e intrigado, comecei a bombardear Vitalik com questões sobre a Ethereum e sua arquitetura. Fiquei impressionado com a invenção dele, mas eu estava mais interessado em como isso seria implantado. Vitalik não tinha todas as respostas. Mas ele irradiava uma determinação e otimismo muito positivos (embora às vezes ingênuos, na época) sobre um mundo melhor. Eu senti que isso não era somente sobre tecnologia. Era algo mais profundo. Era sobre a sociedade, o governo, os negócios e as crenças novas e antigas. Era sobre todos nós. Havia um elemento humano em sua tecnologia que propunha soluções mais igualitárias ao nosso mundo, já injusto e complexo.

Duas semanas depois, sentei-me com Vitalik e quase o forcei a desenvolver uma arquitetura de como a Ethereum funcionaria em uma estrutura de implantação. Criei minha própria versão feita a mão e mostrei a ele, que olhou para ela por três segundos, ficou agitado, abriu o Inkscape em seu PC e começou a desenhar freneticamente a primeira versão de um plano de implantação baseado em blockchain com a Ethereum nele. Essa versão foi iterada posteriormente e apareceu em um dos posts do blog do Vitalik com o título "On Silos"[2].

Ao longo dos próximos meses, e até hoje, nos tornamos mentores um do outro. Ele me ensinou muito sobre blockchain, e eu o aconselhei sobre questões de negócios e do crescimento da Ethereum. Posso jamais compreender uma fração dos sonhos de blockchain de Vitalik, mas tenho certeza de que Vitalik Buterin está emergindo como uma pessoa de negócios experiente, seguindo os ranks de outros tecnologistas brilhantes, enquanto continua a liderar a tecnologia principal da Ethereum e de sua Fundação.

Continuo a escrever 50 blogs sobre Bitcoin, blockchains e a Ethereum, e estou imerso nisso com criadores globais, inovadores, pioneiros, líderes, empreendedores, startups, executivos de empresas e profissionais que fazem parte da tecnologia blockchain e sua implementação.

Muito deste livro está marcado pela minha perspectiva histórica, que está baseada em 34 anos de experiência no setor tecnológico. A primeira fase desta jornada incluiu 14 anos de formação na Hewlett-Packard, seguida de uma segunda fase de 10 anos como consultor independente, autor e influenciador no espaço da internet (1995–2005). Em 1996, escrevi um dos maiores livros da internet sobre estratégia de negócios, *Opening Digital Markets* (Mercados Digitais Abertos, em tradução livre), o que permitiu que eu analisasse exaustivamente a significância da web nos negócios e trabalhasse com pequenas e grandes empresas que a estavam implementando. Em 2005, eu aprendi como me tornar um analista profissional no Aberdeen Group, então segui essa função por três anos na Cognizant Technology Solutions, onde fui exposto aos verdadeiros significados de uma organização sem fronteiras, com a arbitragem global em seu centro. Em 2008, e por mais cinco anos, mergulhei no mundo das startups como fundador de duas delas que obtiveram sucesso (Eqentia e Engagio). Dizem que você aprende tanto com fracassos quanto com sucessos.

Minha paixão pela tecnologia peer-to-peer (P2P) do blockchain não foi uma coincidência. Em 2001, eu havia lançado o PeerIntelligence.com, um site que narrou a primeira onda de tecnologias P2P. Nesse tempo, P2P era principalmente sobre compartilhamento de arquivos, e percebi o poder dessa tecnologia. Infelizmente, as primeiras tentativas de P2P não deram certo, e então problemas legais mataram o Napster, mas, em troca, nós ganhamos o protocolo BitTorrent como seu remanescente.

Todas essas experiências me ajudaram a moldar meus pensamentos sobre o blockchain e me influenciaram na preparação deste livro.

Em 2013, quando descobri o Bitcoin e o mundo dos blockchains, toda a excitação de 1995 voltou, quando alguns de nós sabiam que a internet seria transformadora, e ela veio acompanhada de memórias sobre o início do P2P, em 2001. Felizmente, o P2P estava sendo encorajado em 2009, quando o Bitcoin Blockchain respirou pela primeira vez.

Na primeira vez em que fui exposto ao blockchain, me lembrei das palavras de Andy Grove em seu livro de 1996: *Só os paranoicos sobrevivem*. Ele escreveu: "Há vento e em seguida há um tufão. Neste negócio sempre temos vento. Mas uma força 10x é uma mudança em um elemento de um negócio com a força de um tufão".

É claro que Andy estava falando sobre a internet como a força de um tufão que altera fundamentalmente o negócio de alguém. Hoje em dia, o blockchain é aquela força 10x de um tufão que alterará muitos negócios, e a jornada está apenas começando.

Vou admitir que sofri bastante tentando entender as muitas facetas do blockchain. Muitos de seus visionários eram pessoas com viés tecnológico que não focaram em explicar sucintamente as implicações ou as intersecções de seu negócio. Minha jornada inicial para entender o blockchain foi extremamente árdua e exigiu que houvesse muita adivinhação em minhas leituras para que eu conseguisse ligar os pontos e encontrar algum sentido. Foi um encontro doloroso e a fonte de meu ímpeto para escrever este livro. Estava determinado a fazer com que o entendimento dessa tecnologia e de suas ramificações fosse menos desagradável para o restante de nós.

O blockchain é parte da história da internet. Está no mesmo nível da World Wide Web em termos de importância, e com certeza pode nos trazer a internet de volta como deveria ser: mais descentralizada, mais aberta, mais segura, mais privada, mais igualitária e mais acessível. Ironicamente, muitas aplicações de blockchain têm uma chance de substituir aplicações legadas da web, ao mesmo tempo em que substituirão negócios que não conseguem se soltar de modelos centralizados em funções de confiança.

Como quer que isso se desenvolva, a história do blockchain continuará a ser escrita bem depois de você terminar de ler este livro, assim como a história da web continuou a ser escrita bem depois de sua invenção inicial. Mas esta é a parte interessante do futuro do blockchain: você é parte dele.

Espero que os leitores achem *Blockchain para Negócios* tão útil quanto eu achei divertido escrevê-lo.

William Mougayar

Toronto, Ontário

wmougayar@gmail.com

MARÇO, 2016

NOTAS

1. "A Next-Generation Smart Contract and Decentralized Application Platform." Disponível em: <https://github.com/ethereum/wiki/wiki/ White-Paper#ethereum> (conteúdo em inglês).

2. "On Silos." Disponível em: <https://blog.ethereum.org/2014/12/31/ silos/> (conteúdo em inglês).

INTRODUÇÃO

SE O BLOCKCHAIN ainda não te chocou, garanto que o fará em breve.

Eu não vejo nada parecido desde o início da internet em termos de capturar a imaginação das pessoas, inicialmente um número pequeno, e então se espalhar rapidamente.

Bem-vindo ao novo mundo de blockchain e blockchains.

Em sua essência, o blockchain é uma tecnologia que grava transações permanentemente de uma maneira que não podem ser apagadas depois, somente podem ser atualizadas sequencialmente, mantendo um rastro de histórico sem fim. Essa descrição aparentemente simples de seu funcionamento tem implicações gigantescas. Está fazendo com que repensemos as maneiras antigas de criar transações, armazenar dados e mover ativos, e é apenas o começo.

O blockchain não pode ser descrito apenas como uma revolução. É um fenômeno em curso, avançando lentamente como um tsunami, gradualmente envolvendo tudo em seu caminho pela força de sua progressão. Basicamente, é a segunda sobreposição significativa à internet, assim como a web foi a primeira camada nos anos 1990. Esta nova camada se relaciona muito com confiança, então poderíamos chamá-la de *camada de confiança*.

Blockchains são enormes catalisadores para mudança que atingem governança, modos de vida, modelos corporativos tradicionais, sociedade e instituições globais. A infiltração do blockchain encontrará resistência, pois é uma mudança extrema. Ele desafia velhas ideias que estão em nossa mente há décadas, se não há séculos. Os blockchains desafiarão a governança e as maneiras centralizadas e controladas de realizar transações. Por exemplo: por que pagar por uma garantia para liberar um seguro se o blockchain pode verificar isso de uma maneira irrefutável?

Blockchains liberam a confiança, que está nas mãos de instituições centrais (tais como bancos, legisladores, financiadores, governos, grandes corporações), e permitem que ela se esvaia desses velhos pontos de controle. Por exemplo: e se a validação da contraparte pudesse ser feita no blockchain, em vez de por uma câmara de liquidação?

Uma analogia seria quando, no século XVI, associações medievais ajudaram a manter o monopólio de alguns trabalhadores sobre forasteiros ao controlar a impressão do conhecimento que explicaria como copiar o trabalho deles. Eles conseguiram esse tipo de censura ao conspirarem com a Igreja Católica e com governos da maioria dos países da Europa, que regulavam e controlavam a impressão com o requerimento de licenças. Esse tipo de controle centralizado e monopólio não durou muito, e logo o conhecimento estava livre após uma explosão na impressão. A impressão do conhecimento como uma atividade ilegal seria impensável nos dias de hoje. Poderíamos pensar nos tradicionais detentores da confiança como as associações medievais de hoje, e poderíamos questionar o porquê de eles continuarem a manter a confiança se a tecnologia (os blockchains) consegue cumprir essa função tão bem ou melhor do que eles.

Os blockchains colocam as funções de segurança em liberdade, assim como instituições medievais foram forçadas a ceder o controle da impressão.

É ilusório ver o blockchain primariamente como um registro distribuído, porque isso representa apenas uma de suas muitas dimensões. É como descrever a internet como apenas uma rede, ou apenas uma plataforma de publicações. Essas são condições ou propriedades necessárias, mas não suficientes; os blockchains também são maiores do que a soma de suas partes.

Os proponentes do blockchain acreditam que a confiança deveria ser livre, e não estar nas mãos de forças centrais que a taxam, ou a controlam de uma maneira ou de outra (como taxas, direitos de acesso ou permissões). Eles acreditam que a confiança pode e deve ser parte de relações *peer-to-peer*, facilitadas por uma tecnologia que pode reforçá-la. A confiança pode ser codificada e computada para ser verdadeira ou falsa na certeza matemática, que é reforçada por uma criptografia poderosa para cimentá-la. Em essência, a confiança é substituída por provas criptográficas e mantida por uma rede de computadores confiáveis (nós honestos) que garantem sua segurança, conforme contrastado com entidades únicas que criam uma burocracia cara ou desnecessária sobre ela.

Se os blockchains são uma nova maneira de implementar transações confiáveis sem intermediários da confiança, logo teremos menos intermediários. Legisladores que regulam instituições "confiáveis", como bancos, enfrentarão um dilema. Como regular algo que está evaporando? Eles precisarão atualizar seus velhos regulamentos.

A confiança controlada por intermediários desenvolveu alguns atritos, mas, agora, o blockchain pode livrá-la deles. Então, quando a confiança for "livre" (mesmo que ainda precise ser conquistada), o que acontecerá? Naturalmente, a confiança seguirá o caminho de menor resistência e gradualmente se tornará descentralizada nos limites da rede.

Os blockchains também possibilitam que ativos e valores sejam trocados, fornecendo um caminho novo e mais rápido para valores em movimento de quaisquer tipos, sem que haja intermediários desnecessários.

BLOCKCHAIN PARA NEGÓCIOS [xxix]

Como uma infraestrutura de suporte, os blockchains são metaforicamente computadores incessantes. Uma vez lançados, eles nunca param de funcionar, devido à quantidade imensa de resiliência que oferecem. Não há um ponto único de fracasso. Ao contrário dos sistemas bancários e dos serviços baseados em nuvem, que caem, os blockchains genuínos continuam computando.

A internet substituiu alguns intermediários. Agora, o blockchain substituirá outros. Mas também criará alguns novos. Com a web foi a mesma coisa. Intermediários atuais deverão entender como seus papéis serão afetados, enquanto outros estão tentando achar seu lugar na corrida para "descentralizar tudo".

O mundo está preocupado em dissecar, analisar e prognosticar o futuro do blockchain; tecnologistas, empreendedores e empresas estão se perguntando se ele deve ser considerado um veneno ou um antídoto.

Hoje, dizemos que o blockchain faz isto ou aquilo, mas, amanhã, ele será bastante invisível; falaremos mais sobre o que ele possibilita. Assim como a internet ou a web, e assim como as bases de dados, o blockchain traz com ele uma nova linguagem.

A partir de meados dos anos 1950, conforme a TI evoluiu, nos acostumamos com uma nova linguagem: mainframes, bancos de dados, redes, servidores, softwares, sistemas operacionais e linguagens de programação. Desde o início dos anos 1990, a internet inaugurou um outro léxico: browsing, website, Java, blogging, TCP/IP, SMTP, HTTP, URLs e HTML. Hoje, o blockchain traz com ele ainda mais repertório: algoritmo consensual, contratos inteligentes, registros distribuídos, oráculos, carteiras digitais e blocos de transação.

Bloco a bloco, acumularemos nossa própria cadeia de conhecimento e aprenderemos e entenderemos o blockchain, o que muda com ele e as implicações de tais mudanças.

Hoje, pesquisamos tudo no Google, principalmente informações ou produtos.

Amanhã, faremos o equivalente à pesquisa no Google para verificar registros, identidades, autenticidade, direitos, trabalhos feitos, títulos, contratos e outros processos valiosos relacionados a ativos. Haverá certificados digitais de propriedade para tudo. Assim como não podemos mais duplicar dinheiro digital (graças à invenção de Satoshi Nakamoto), não poderemos fazer cópias ou forjar certificados oficiais uma vez que estejam documentados em um blockchain. Esta é a peça que faltava na revolução da informação.

Eu ainda me lembro de toda a animação por sermos capazes de acompanhar pela web uma encomenda enviada quando essa capacidade foi introduzida pela primeira vez pelo FedEx, em 1994. Hoje, sempre contamos com esse tipo de serviço, mas ele foi um divisor de águas que demonstrou o que poderíamos fazer no início da web. A mensagem por trás dele era a de que um serviço antes privado poderia se tornar abertamente acessível a todos os que tinham acesso à internet. Uma gama de serviços veio em seguida: bancos online, pagamento de impostos, compra de produtos, estoques comerciais, pagamento de compras e muitos outros. Assim como acessamos serviços que pesquisam bancos de dados públicos, procuraremos por uma nova classe de serviços que utilizarão o blockchain para confirmar a veracidade da informação. O acesso a ela não será suficiente. Também vamos querer acesso confiável, e perguntaremos se houve alguma modificação em certos registros, esperando a mais completa transparência daqueles que os detêm. O blockchain promete servir e expor a transparência em sua forma mais bruta.

O velho ditado: "Está em um banco de dados?" será substituído por "Está no blockchain?".

O blockchain é mais complicado do que a web? Definitivamente.

Permita-me levá-lo nesta jornada para decifrá-lo.

BLOCKCHAIN PARA NEGÓCIOS

☐–☐–1–☐–☐

O QUE É O BLOCKCHAIN?

*"Se você não consegue entender sem uma explicação,
você não consegue entender com uma explicação."*

— HARUKI MURAKAMI

PRESTE MUITA ATENÇÃO. Este capítulo é provavelmente o mais importante deste livro, porque ele tenta oferecer uma explicação basilar do blockchain. Este é o primeiro passo da promessa deste livro de fornecer a você uma visão holística do potencial do blockchain.

Entender blockchains é difícil. Você precisa entender sua essência antes de estimar seu potencial. Além de suas capacidades tecnológicas, os blockchains carregam um arcabouço filosófico, cultural e ideológico que você precisa entender também.

A menos que você seja um desenvolvedor de software, os blockchains não são um produto que você simplesmente liga e usa. Eles possibilitarão a utilização de outros produtos sem que nem ao menos você saiba que existe um blockchain por trás deles, assim como você não conhece as complexidades que estão por trás do que está atualmente acessando na web.

[1]

Assim que você começar a imaginar as possibilidades do blockchain, sem ao mesmo tempo e continuamente pensar em tentar entendê-lo, você estará em um estágio diferente de sua maturidade para explorá-las.

Acredito que a transferência do conhecimento por trás do entendimento do blockchain é mais fácil do que o conhecimento sobre saber onde ele se encaixará. É como aprender a dirigir um carro. Eu poderia te ensinar a dirigi-lo, mas não poderia prever para onde você o levaria. Apenas você conhece seu negócio ou situações particulares, e somente você será capaz de entender onde os blockchains se encaixam depois de aprender o que eles podem fazer. É claro, nós primeiro faremos juntos o test-drive para lhe dar algumas ideias.

DANDO UMA OLHADA NA PESQUISA DE SATOSHI

Quando Tim Berners-Lee criou a primeira página na World Wide Web, em 1990, ele escreveu: "Quando conectamos informações na web, nos possibilitamos descobrir fatos, criar ideias, comprar e vender coisas e criar novas relações em uma velocidade e escala inimagináveis na era analógica".

Nessa pequena declaração, Berners-Lee previu pesquisas, publicações, comércios eletrônicos, e-mail e mídias sociais, tudo de uma vez, em uma única tacada. O Bitcoin, que equivale a esse tipo de pré-ciência, por alguém que acabou de criar algo espetacular pode ser encontrado na pesquisa de Satoshi Nakamoto, de 2008: "Bitcoin: A Peer-to-peer Electronic Cash System",[1] indiscutivelmente a raiz da moderna inovação de criptomoeda baseada em blockchain.

O resumo da pesquisa descreve a fundação do Bitcoin e explica seus primeiros princípios:

- Uma versão puramente *peer-to-peer* de dinheiro eletrônico permitiria que pagamentos online fossem enviados *diretamente de uma parte a outra sem passar por uma instituição financeira*.

- Uma *terceira parte confiável não é necessária* para prevenir gastos duplos.
- Propomos uma *solução* ao problema dos gastos duplos *com o uso de uma rede peer-to-peer.*
- *A rede cria transações com data e hora,* criptografando-as em uma cadeia progressiva a partir de modelos de prova--de-trabalho (proof-of-work), formando *um registro que não pode ser modificado sem refazer a prova-de-trabalho.*
- A cadeia mais longa não serve somente como prova de sequência de eventos testemunhados, mas também como prova de que veio do maior conjunto de poder computacional. Enquanto *a maior parte do poder computacional for controlada por nós que não estão cooperando com o ataque à rede,* ela gerará a cadeia mais longa e passará à frente dos ataques.
- A rede por si mesma requer uma estrutura minimalista. Mensagens são transmitidas da melhor maneira possível, e *nós podemos deixar e voltar à rede conforme desejarem, aceitando a cadeia mais longa de prova-de-trabalho como uma prova do que aconteceu enquanto estiveram fora.*

Se você não for um leitor técnico, foque nas partes em itálico para entender o espírito da coisa. Por favor, releia os pontos citados até que tenha internalizado a lógica sequencial de Nakamoto! De verdade. Você precisa acreditar e aceitar que a validação de transações peer-to-peer é completamente possível apenas ao deixar a rede realizar uma tarefa confiável, sem uma interferência central.

Parafraseando a pesquisa de Nakamoto, deveríamos nos ater ao seguinte:

- Transações e interações eletrônicas peer-to-peer
- Sem instituições financeiras
- Prova criptográfica no lugar de confiança centralizada
- Confiança em rede, em vez de em uma instituição unificada

BLOCKCHAIN PARA NEGÓCIOS [3]

O "blockchain" é aquela invenção tecnológica por trás do Bitcoin, e o que o torna possível. Ainda com o resumo da pesquisa de Satoshi em mente, vamos mergulhar fundo em três definições diferentes, mas complementares, do blockchain: uma definição técnica, uma corporativa e uma legal.

Tecnicamente, o blockchain é um banco de dados de *back-end* que mantém um registro distribuído que pode ser inspecionado abertamente.

Em modelos de negócios, o blockchain é uma rede de troca para movimento de transações, valores, ativos entre pares, sem a assistência de intermediários.

Legalmente falando, o blockchain valida as transações, substituindo entidades anteriormente confiáveis.

TÉCNICA Base de dados de back-end que mantém um registro distribuído abertamente.

CORPORATIVA Rede de trocas para valores em movimento entre partes.

LEGAL Um mecanismo de validação de transações que não requer apoio de intermediários.

Capacidades do Blockchain = Técnica + Corporativa + Legal.

A WEB, TUDO DE NOVO

O passado não é uma bússola acurada para o futuro, mas o entendimento de onde viemos nos ajuda a ter uma perspectiva clara e uma melhor contextualização sobre para onde estamos indo. O blockchain simplesmente é parte da continuação da história da tecnologia da internet, representada pela web, conforme continua a se infiltrar em nosso mundo, nos negócios, na sociedade e no governo, e pelos muitos ciclos e fases que geralmente são visíveis apenas se olhados pelo espelho retrovisor.

Apesar de a internet ter sido desenvolvida em 1983, foi a World Wide Web que proporcionou o momento revolucionário divisor de águas, porque fez com que informações e serviços baseados em informação ficassem disponíveis de forma aberta e instantaneamente para todos na Terra que tivessem acesso à web.

Da mesma maneira que bilhões de pessoas ao redor do mundo estão atualmente conectadas à web, milhões, e então bilhões de pessoas se conectarão às redes blockchain. Não deveríamos nos surpreender se a velocidade de propagação do uso do blockchain ultrapassasse o crescimento histórico de usuários web.

Em meados de 2016, 47% da população mundial de 7,4 bilhões de pessoas tinham acesso à internet. Em 1995, esse número era menor do que 1%. Apenas em 2005 a web alcançou um bilhão de usuários. Em contraste, o uso de celulares aumentou mais rápido, ultrapassando o número de telefones fixos em 2002, e a população mundial em 2013. Falando em websites, em 2016, o número total deles chegou a mais ou menos um bilhão. Muito possivelmente, os blockchains crescerão de diversas maneiras, e se tornarão tão facilmente configuráveis quanto lançar um website no Wordpress ou Squarespace.

O crescimento do uso do blockchain tem uma vantagem em relação à trajetória da web, pois seu ponto de início é amplificado por quatro segmentos: usuários da web, usuários de telefones celulares, proprietários de sites e "qualquer coisa" que se beneficiar de estar conectada e se tornar algo "sagaz". Isso significa que o uso do blockchain ocorrerá nessas quatro categorias, em vez de apenas procurar por novos usuários.

UM BLOCKCHAIN OU MUITOS?

Não há paradigmas anteriores para o blockchain. Não é uma nova versão de TCP/IP, o protocolo de rede da internet. Também não é uma nova internet completamente diferente. Em 2015, alguns proponentes de um único blockchain de Bitcoin lamentaram a existência de muitos blockchains. O blockchain era visto sob uma ótica unidimensional (maximalismo Bitcoin),[2] recebendo uma visão parecida com a da internet. Sim, é bom que haja somente uma internet, caso contrário nunca teria se propagado como se propagou. Mas o blockchain é um construto completamente diferente. É mais como um novo protocolo que fica por cima da internet, assim como a World Wide Web fica por cima da internet por meio de seus padrões tecnológicos.

O blockchain é parte banco de dados, parte plataforma de desenvolvimento, parte viabilizador de rede, então, consequentemente, precisamos de muitas instâncias e variações dele. Como uma camada acima da internet, os blockchains podem ter muitas formas de implementação. Eles podem ser vistos como camadas de confiança, um mediador de troca, uma conexão segura, um conjunto de capacidades descentralizadas e muito mais.

Dito isso, há muitas analogias entre o início da web e a atual evolução do blockchain em termos de como a tecnologia será adotada.

Não podemos nos esquecer de que levou cerca de três anos para que a maior parte das empresas entendesse completamente o potencial da web (mais ou menos de 1994 a 1997) após sua comercialização inicial, e cerca de sete anos, depois do lançamento da internet, em 1983, para que a web existisse. Não há dúvidas de que o blockchain continuará sendo um fenômeno meio complexo e meio misterioso no período entre 2015 e 2018, assim como o Bitcoin ficou três anos em silêncio (de 2009 a 2012), antes de se tornar visivelmente conhecido pelo público em geral.

INTRODUÇAO ÀS APLICAÇÕES DO BLOCKCHAIN

A web não poderia existir sem a internet. E os blockchains não poderiam existir sem a internet. A web fez com que a internet fosse mais útil, porque as pessoas estavam mais interessadas em usar a informação do que em entender como conectar computadores. As aplicações blockchain precisam da internet, mas elas podem passar por cima da web, nos fornecendo uma versão mais descentralizada e talvez mais igualitária. Essa é uma das grandes promessas da tecnologia blockchain.

BLOCKCHAINS, ASSIM COMO A WEB, PRECISAM DA INTERNET

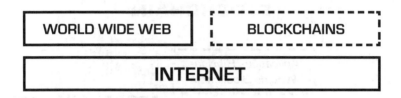

Há mais de uma forma de criar aplicações blockchain. Você pode criar aplicações nativas, ou misturá-las em uma aplicação web já existente, o que chamamos de "aplicações blockchain híbridas".

TIPOS DE APLICAÇÕES BLOCKCHAIN

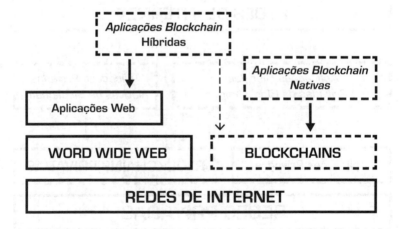

BLOCKCHAIN PARA NEGÓCIOS [7]

Como a internet é composta de uma versão pública e várias privadas, os blockchains seguirão o mesmo caminho. Assim, teremos blockchains públicos e privados. Alguns serão blockchains nativos, enquanto outros poderão ter uma implementação híbrida, composta por uma parte já existente na web ou uma aplicação privada.

QUATRO TIPOS DE APLICAÇÕES BLOCKCHAIN

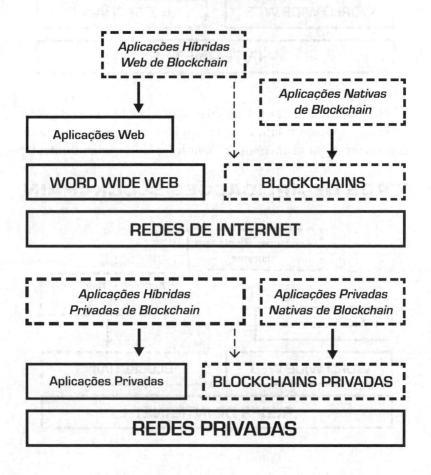

A NARRATIVA DO BLOCKCHAIN É FORTE

Um sinal de forte impacto para uma tecnologia ou tendência é ter uma narrativa forte. Qual é a diferença entre uma história e uma narrativa? Enquanto uma história geralmente é consistente e conhecida, uma narrativa cria mais histórias individuais para quem quer que interaja com aquela tendência.

John Hagel explicou bem essa diferença.[3]

Histórias se contêm em si mesmas — elas têm um começo, um meio e um fim. Por outro lado, as narrativas têm um final em aberto — os resultados não foram resolvidos, ainda precisam ser determinados. Além disso, histórias são sobre um eu, o contador da história, ou outras pessoas; elas não são sobre você. Em contraste, a resolução das narrativas depende da escolha que você faz e de suas ações — você determinará o resultado.

A internet tinha uma narrativa forte. Se você perguntar a várias pessoas como a utilizam, ou o que a internet significa para elas, com certeza ouvirá respostas diferentes, porque cada pessoa a utiliza de uma maneira, com várias adaptações.

O blockchain tem uma narrativa forte porque ele atinge nossa imaginação.

De acordo com Hagel, estes são os benefícios específicos que a narrativa propõe:

DIFERENCIAÇÃO — ajuda você a se destacar na multidão.

INFLUÊNCIA — mobiliza pessoas de fora de sua empresa.

INOVAÇÃO DISTRIBUÍDA — impulsiona inovação em direções inesperadas.

ATRAÇÃO — atrai pessoas para a oportunidade e o desafio que você colocou em jogo.

RELACIONAMENTOS — impulsona relacionamentos duradouros com outros que gostaram da magia de sua narrativa.

John Hagel especifica que "é sobre a conexão e a mobilização de outras pessoas além dos limites do...". Substitua as reticências por "blockchain" e você terá uma base poderosa para uma narrativa forte e duradoura sobre o blockchain.

UMA METATECNOLOGIA

O blockchain é uma metatecnologia porque ele afeta outras tecnologias e ele próprio é feito de várias delas. É um conjunto de computadores e redes construídos em cima da internet. Ao examinar as camadas arquitetônicas de um blockchain, descobre-se que ele é constituído de diversos pedaços: um banco de dados, uma aplicação de software, um conjunto de computadores conectados uns aos outros, clientes para acessá-lo, um ambiente de software para desenvolvê-lo, ferramentas para monitorá-lo e outras partes (trataremos disso no Capítulo 6).

O blockchain não é apenas uma nova tecnologia. Ele é um tipo de tecnologia que desafia outros softwares existentes, pois tem o potencial de substituir ou complementar práticas existentes. Em essência, é uma tecnologia que modifica outras.

A última vez que testemunhamos uma tecnologia tão catalítica foi antes da chegada da web, que também mudou a forma como escrevemos aplicações de software, e trouxe com ela novas tecnologias de software que desafiaram e substituíram as anteriores. Em 1993, HTML, uma linguagem de marcação, mudou a publicação. Em 1995, Java, uma linguagem de programação web, mudou a programação. Alguns anos depois, TCP/IP, um protocolo de rede de computadores, começou a mudar a rede ao torná-la interoperante, a nível global.

De um ponto de vista de desenvolvimento de software, uma das maiores mudanças de paradigma que o blockchain proclama é desafiar a função e o monopólio do banco de dados tradicional como conhecemos. Então precisamos entender muito bem como o blockchain nos faz repensar nos construtores de banco de dados existentes.

O blockchain está mudando a forma como escrevemos aplicações por meio de uma nova forma de linguagem de scripts que podem programar a lógica dos negócios como contratos inteligentes inseridos no blockchain.

SOFTWARE, TEORIA DOS JOGOS E CRIPTOGRAFIA

Uma outra forma de entender o blockchain é vê-lo como uma tríade de combustão dos campos de conhecimento de 1) teoria dos jogos; 2) ciência da criptografia; e 3) engenharia de software. Separadamente, esses campos existem há muito tempo, mas pela primeira vez eles foram unidos harmoniosamente dentro da tecnologia blockchain.

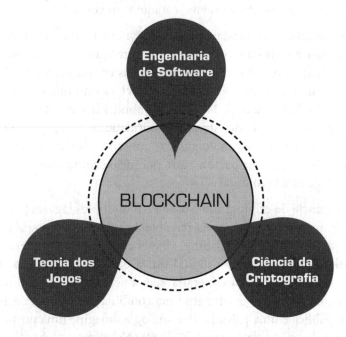

A teoria dos jogos é "o estudo de modelos matemáticos de conflito e cooperação entre tomadores de decisão racionais e inteligentes".[4] E está relacionada ao blockchain porque o blockchain do Bitcoin, originalmente desenvolvido por Satoshi Nakamoto, teve que solucionar um enigma da teoria dos jogos chamado de Problema dos Generais Bizantinos.[5] Solucionar esse problema consiste em mitigar qualquer ação de um pequeno número de generais não éticos que, caso contrário, se tornariam traidores e mentiriam sobre a coordenação de seus ataques para garantir a vitória.

Isso é conquistado à medida que você cumpre um processo de verificação do trabalho que foi realizado ao construir essas mensagens, e limitar o tempo requerido para ver mensagens alteradas e a fim de garantir que sejam válidas. Implementar uma "Tolerância às Falhas Bizantinas" é importante porque ela começa com o pressuposto de que você não pode confiar em ninguém, e ainda garante que a transação foi feita com segurança, baseada na confiança da rede durante sua viagem, enquanto sobrevive a ataques em potencial.

Há implicações fundamentais nesse novo método de alcançar a segurança como finalidade de uma transação, porque questiona a existência e os papéis de intermediários confiáveis da atualidade, que mantiveram a autoridade tradicional no que concerne à validação de transações. Isso nos faz ponderar a questão existencial: por que precisamos de uma autoridade central para garantir a segurança, se podemos conquistar a mesma confiança quando a transação vai de uma parte a outra por meio de uma rede na qual a confiança está embutida?

A ciência da criptografia é usada em múltiplos lugares para garantir a segurança para uma rede blockchain, e ela repousa sobre três conceitos básicos: hashing, chaves e assinaturas digitais. Um "hash" é uma impressão digital única que ajuda a verificar que uma informação não foi alterada, sem a necessidade de realmente ver isso. Chaves são usadas em uma combinação mínima de duas: uma pública e uma privada. Por analogia, imagine uma porta que precisa de duas chaves para ser aberta. Nesse caso, a chave pública é usada pelo remetente para codificar informações que podem ser decodificadas apenas pelo proprietário da chave privada. Você nunca revela sua chave privada. Uma assinatura digital é uma computação matemática usada para provar a autenticidade de uma mensagem ou documento (digitais).

A criptografia está baseada na hegemonia público–privada, que é o yin–yang do blockchain: visibilidade pública, mas inspeção privada. É mais ou menos como seu endereço. Você pode publicá-lo, mas ele não dará informações sobre como sua casa é por dentro. É preciso uma chave privada para entrar em uma casa privada, e uma vez que você declarou que aquele endereço é seu, ninguém mais pode declarar ter o mesmo.

Apesar de os conceitos de criptografia estarem no mercado há algum tempo, os engenheiros de software estão se deliciando com a combinação dela com a inovação da teoria dos jogos, para produzir construtos gerais de blockchain, em que uma incerteza aparente está mitigada com uma certeza matemática.

O BANCO DE DADOS *VERSUS* O REGISTRO

Há transações que podem ser validadas sem um terceiro. Agora você está pensando — e bancos de dados? Sempre pensamos que bancos de dados eram depósitos confiáveis para armazenar ativos.

No caso do blockchain, o registro é a gravação irrefutável que mantém as transações que foram validadas pela rede de blockchains.

Vamos ilustrar o impacto dessa situação: o banco de dados versus o registro (de blockchain).

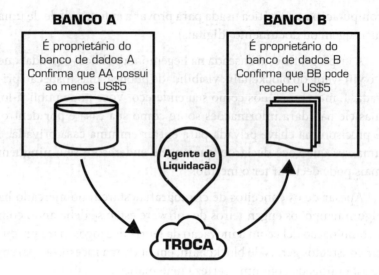

Quando você abre uma conta no banco, você na verdade abdicou de sua autoridade, transferindo-a para o banco no qual está sua "conta". Na realidade, eles fornecem a você a ilusão do acesso e da visibilidade das atividades que ocorrem nessa conta. Sempre que você quer mover dinheiro, pagar alguém ou fazer um depósito, o banco lhe dá acesso, pois você confiou nele para cuidar de seus negócios. Mas esse "acesso" é outra ilusão. Na verdade, é um acesso aos registros do banco de dados que dizem que você tem aquela quantidade de dinheiro. Novamente, eles te enganaram ao dar a ilusão de que você "possui" aquele dinheiro. Mas eles têm a autoridade máxima, pois possuem o banco de dados que aponta para aquele registro que diz que você tem o dinheiro, e você acredita que tenha o dinheiro.

Os processos de banco são complexos, mas tentei simplificar a ilustração anterior para enfatizar o fato de que um dado banco está no topo da hierarquia do controle para permitir ou negar o acesso ao dinheiro que ele mantém. O mesmo conceito se aplica para quaisquer ativos digitais (estoques, títulos, seguros) dos quais uma instituição financeira cuida em seu nome.

Entre no blockchain.

Em sua forma mais básica, a mesma coisa pode acontecer sem as complexidades citadas. Um usuário pode enviar dinheiro para outro utilizando-se de uma carteira digital, e a rede de blockchain faz a autenticação, a validação e a transferência, geralmente em dez minutos, com ou sem uma troca de criptomoeda no meio.

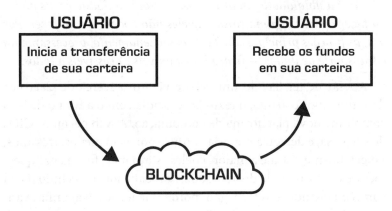

Essa é a mágica do blockchain em sua forma mais simples. É por isso que sugiro para quem quer que pretenda se envolver na implementação do blockchain que experimente fazer esse tipo de transação com sua própria carteira, seja fazendo o download de uma das muitas versões, ou se registrando em uma corretora de Bitcoin existente no local onde mora. Uma vez que você o faça, entenderá o verdadeiro significado de "sem intermediários", e começará a se questionar do porquê de ainda precisarmos deles.

OLHANDO PARA TRÁS PARA PODER OLHAR PARA A FRENTE

Então, onde encaixamos o blockchain no contexto geral de várias eras de evolução tecnológica?

Em 2013, Nicholas G. Carr publicou um artigo[6] seminal no *Harvard Business Review*, "IT Does not Matter", que chocou os círculos corporativos de Tecnologia da Informação e questionou a relevância de suas estratégias. Ele escreveu:

O que torna um recurso verdadeiramente estratégico — o que dá a ele a capacidade de ser a base para uma vantagem competitiva — não é a ubiquidade, mas a escassez. Você ganha de rivais ao ter ou fazer apenas alguma coisa que eles não podem ter ou fazer. Por ora, as funções principais da TI — armazenamento, processamento e transporte de dados — ficaram disponíveis e acessíveis a todos.

Apesar de ter havido um debate vigoroso acerca de Carr por dois anos após o artigo, o texto já coincidia com o advento da web como uma nova plataforma de computação. A web pegou os CIOs de surpresa, e deixou a maioria confusa por, pelo menos, três anos, especialmente porque a maioria deles estava mais focada nas questões de conformidade do ano 2000. Na realidade, o declínio da TI começou quando a web chegou, porque ela forneceu algumas vantagens competitivas para aqueles que realmente a dominavam.

Como apresentado no quadro a seguir, o fim da supremacia da TI foi seguido pelos anos da internet, que serão seguidos pela promessa do blockchain.

DEFININDO AS ERAS DA TECNOLOGIA

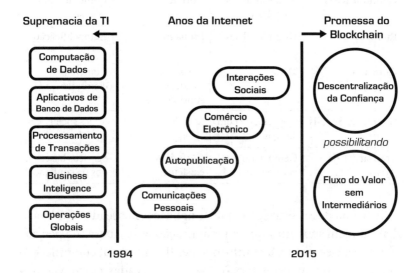

Outra forma de ver a continuidade na evolução da tecnologia é descrevendo as várias fases da evolução da web e vendo que o blockchain é ainda outra evolução, focado nas transações de ativos peer-to-peer baseadas na confiança. Vamos nos lembrar das importantes minirrevoluções que a internet nos trouxe desde 1994: comunicações pessoais, autopublicações, comércio eletrônico e as redes sociais. Em retrospectiva, cada uma dessas quatro fases foi definida pelas funções que descartaram: os correios, as mídias impressas, as lojas físicas e o mundo real.

FASE	OBJETIVO	ROMPIMENTO	RESULTADO
Comunicações	Alcançar todos no mundo	Correios	Comunicações pessoais
Publicações	Difundir ideias	Mídia impressa	Autopublicação
Comércio	Troca	Lojas físicas e cadeias de suprimentos	Comércio eletrônico
Interações Sociais	Conectar-se com amigos	Mundo real	Redes sociais
Transações de Ativos	Gerenciar o que você possui	Custodiantes existentes	Serviços baseados na confiança

A ironia dessa situação é que as aplicações baseadas em blockchain podem substituir qualquer aplicação web. Apesar de pensarmos que a web nos trouxe informações de imprensa, comunicação e comércio digital, essas funções serão ameaçadas por novas versões ligadas a protocolos peer-to-peer ancoradas nas tecnologias blockchain.

DESEMPACOTANDO O BLOCKCHAIN

Continuemos revelando as muitas camadas do blockchain! Se há um ponto principal o qual vou continuar focando é a ênfase de que ele não é um item, uma coisa, uma tendência ou uma característica. Ele é muitas coisas em uma, algumas delas trabalham juntas, e outras, independentemente.

Quando a internet começou a ser comercializada, em 1995, com frequência a descrevíamos como um tipo de fenômeno multifuncional. Em meu livro anterior, *Opening Digital Markets*, de 1997, a descrevi como tendo "cinco identidades múltiplas", e acrescentei que "em cada uma delas deve ser explorada uma estratégia diferente". A web era, simultaneamente, uma Rede, uma Plataforma de Desenvolvimento, uma Plataforma de Transações, um Meio e um

[18] WILLIAM MOUGAYAR

Mercado. (Naquela época, não vimos o aspecto de Mídia Social/ Comunidade, como surgiu depois.)

O blockchain leva a multiplicidade de funções ainda mais longe. Ele tem, simultaneamente, as dez propriedades a seguir:

1. Criptomoeda Digital
2. Infraestrutura Computacional
3. Plataforma de Transação
4. Banco de Dados Descentralizado
5. Registro Contábil Distribuído
6. Plataforma de Desenvolvimento
7. Software de Código Aberto
8. Mercado de Serviços Financeiros
9. Rede Peer-to-peer
10. Camada de Serviços Confiáveis

Mergulharemos em cada uma para estabelecer uma compreensão dos fundamentos do blockchain.

1. Criptomoeda *Digital*

A função de moeda digital é provavelmente o elemento mais "visível" em um blockchain, especialmente se ele for público, como o Bitcoin (BTC) ou a Ethereum (ETH). A criptomoeda é geralmente um estímulo econômico para viabilizar as operações e a segurança do blockchain. Algumas vezes, ele é representado por um token, que é outra forma de representação relacionada a uma criptomoeda subjacente.

Uma das questões desafiadoras relativas às criptomoedas é a volatilidade de preço, que é suficiente para manter a maioria dos consumidores longe. Em um artigo de 2014, que descrevia um método para estabilizar a criptomoeda, Robert Sams citou Nick Szabo: "A principal volatilidade do Bitcoin ocorre por causa da variabilidade pela especulação, que, por sua vez, ocorre por causa

BLOCKCHAIN PARA NEGÓCIOS [19]

de uma incerteza genuína de seu futuro. Mecanismos de liquidez mais eficientes não ajudam a reduzir a incerteza genuína". Conforme a criptomoeda ganha mais aceitação e compreensão, seu futuro será menos incerto, o que resultará em uma curva de adoção mais estável e gradual.

A criptomoeda pode ter um papel de "produção" para compensar mineradores que ganham recompensas quando validam transações. Também pode ter um papel de "consumo" ao pagar uma pequena taxa para gerar um contrato inteligente (por exemplo, ETH, da Ethereum) ou uma taxa de transação equivalente (por exemplo, XRP, da Ripple, ou BTC, do Bitcoin). Esses incentivos e custos econômicos existem para prevenir o abuso do blockchain. Em um caso de uso mais avançado, o token pode ser usado como uma unidade de valor interno, por exemplo, em Organizações Autônomas Distribuídas (DOAs), um assunto que será abordado nos Capítulos 5 e 7 deste livro.

Fora das propriedades de operação do blockchain, a criptomoeda é como qualquer outra moeda. Ela pode ser trocada, e pode ser utilizada para comprar e vender bens e serviços. É muito eficiente dentro das redes de blockchain, mas há um atrito sempre que cruza com a moeda tradicional do mundo real.

2. Infraestrutura Computacional

O blockchain também pode ser visto como uma abordagem de design de software que une um número de computadores que obedecem ao mesmo processo de "consenso" para liberar ou gravar as informações que eles detêm, e em que todas as interações relacionadas são verificadas por criptografia.

De uma perspectiva física, os servidores conectados em rede são o que realmente empoderam o blockchain. Mas os desenvolvedores não precisam configurar esses servidores, e isso é parte da mágica do blockchain. Contrastando com a web, na qual um pedido HTTP (Hypertext Transfer Protocol) é enviado ao servidor, com os apps do blockchain, a rede faz um pedido para ele.

3. Plataforma de Transação

Uma rede blockchain pode validar uma variedade de transações ligadas a valores em relação a dinheiro digital ou ativos que podem ter sido digitalizados. Sempre que há um consenso, uma transação é gravada em um "bloco", que é um espaço de armazenamento. O blockchain mantém o controle das transações, que mais tarde podem ser verificadas como tendo sido realizadas. Assim, o blockchain é uma plataforma de transações gigante, capaz de lidar desde microtransações com até transações de altos valores.

Se formos igualar blockchains a outras redes de processamento de transações, pensamos em seu processamento sob o ponto de vista da sua capacidade de processar transações, que é medida em transações por segundo (TPS). Como uma referência, em 2015, a VISA manipulou uma média de 2 mil TPS em seu VisaNet, com um pico de 4 mil TPS e capacidade para 56 mil TPS. Em 2015, o PayPal processou um total de 4,9 bilhões de pagamentos,[7] o equivalente a 155 TPS. Em 2016, o blockchain do Bitcoin estava longe desses números, ficando entre 5-7 TPS, mas com prospectivas de exceder largamente tal número por causa dos avanços tecnológicos e aumentos esperados no tamanho do bloco Bitcoin. Alguns outros blockchains são mais rápidos do que Bitcoins. Por exemplo, a Ethereum começou com 10 TPS em 2015, indo em direção a 50-100 TPS em 2017, e mirando em 50 mil-100 mil TPS em 2019.[8] Blockchains privados são ainda mais rápidos porque eles têm menos requisitos de segurança, e estamos vendo de 1 mil a 10 mil TPS em 2016, subindo para 2 mil-15 mil em 2017, e potencialmente um teto sem limites a partir de 2019. Finalmente, com sua evolução conectando a saída do blockchain com a tecnologia de bases de dados agrupadas.

4. Banco de Dados Descentralizado

O blockchain despedaça o paradigma de processamento de transações/bases de dados. Em 2014, declarei que o blockchain é a nova base de dados, e avisei aos desenvolvedores para estarem prontos para reescrever tudo.

Um blockchain é um lugar em que você armazena semipublicamente qualquer dado em um espaço linear (o bloco). Qualquer um pode verificar se você incluiu aquela informação porque o repositório possui sua assinatura, mas somente você (ou um programa) pode desbloquear o que está dentro dele, pois somente você possui a chave para aqueles dados.

Então o blockchain se comporta como um banco de dados, exceto que parte da informação armazenada, o "cabeçalho", é pública. Admito que blockchains não são bases de dados muito eficientes, mas tudo bem. Eles não devem substituir grandes bases de dados, mas os desenvolvedores de software devem descobrir como eles podem reescrever suas aplicações para tirar proveito das capacidades de transições de estado do blockchain.

5. Registro Contábil Distribuído

Ele também é um registro de ativos com time-stamped, público e distribuído, que controla toda transação processada em sua rede, permitindo que o computador de um usuário verifique a validade de cada transação para que nunca haja dupla contagem. Esse registro pode ser compartilhado entre várias partes, e pode ser privado, público ou semiprivado.

Apesar de o registro distribuído de transações ser uma maneira popular de descrever blockchains, e de algumas pessoas o verem como uma ótima aplicação, essa é apenas uma de suas características.

6. Plataforma de Desenvolvimento

Para desenvolvedores, ele é, em primeiro lugar e especialmente, um conjunto de tecnologias de software. Sim, eles têm uma sustentação política e social (descentralização), mas trazem novidades tecnológicas. Esse novo conjunto de ferramentas de desenvolvimento é excitante para engenheiros de software. O blockchain inclui tecnologias para construir novos tipos de aplicações, que sejam descentralizadas e criptografadas. Assim, ele é uma nova maneira de construir aplicações.

Eles também podem ter uma variedade de APIs, incluindo uma linguagem de script de transações, um API de comunicação de nós P2P e um cliente API para verificar transações em rede. Falarei mais detalhadamente sobre o aspecto de desenvolvimento de software no Capítulo 6 deste livro.

7. Software de Código Aberto

A maioria dos blockchains robustos é de código aberto, o que não somente significa que o código do software é aberto ao público, mas também que a inovação pode acontecer colaborativamente, em cima do software inicial.

Por exemplo, o protocolo Bitcoin principal é de código aberto. Desde seu desenvolvimento inicial por Satoshi Nakamoto, ele tem sido mantido por um grupo de "desenvolvedores-chave", que continuam a melhorá-lo desde então. Além disso, milhares de desenvolvedores independentes inovam com produtos complementares, serviços e aplicações que tiram proveito do protocolo Bitcoin. O blockchain ser de código aberto é uma característica poderosa. Quanto mais aberto for seu código, mais forte será o ecossistema ao seu redor.

8. Mercado de Serviços Financeiros

O dinheiro está no coração de blockchains baseados em criptomoeda. Quando ele é tratado como qualquer moeda, pode se tornar parte de um instrumento financeiro, levando ao desenvolvimento de uma variedade de novos produtos financeiros.

Os blockchains oferecem um ambiente de inovação incrível para a nova geração de serviços financeiros. Conforme as volatilidades da criptomoeda reduzirem, elas se popularizarão. Derivativos, opções, swaps, instrumentos sintéticos, investimentos, empréstimos e outros instrumentos tradicionais terão sua versão em criptomoeda, criando um novo mercado financeiro de trocas.

9. Rede Peer-to-peer

Não há nada "central" em blockchains. Estruturalmente, a camada mais básica do blockchain é uma rede peer-to-peer. O blockchain trabalha descentralizado através do processamento entre as partes pelos seus nós. A rede é o computador. Você verifica as transações no nível peer-to-peer. Em essência, o blockchain poderia ser visto como uma nuvem de computação fina que é muito descentralizada.

Qualquer usuário pode contatar e fazer transações com outro instantaneamente, não importa onde estejam no universo, nem a hora. Não há a necessidade de um intermediário para filtrar, bloquear ou atrasar uma transação entre dois ou mais usuários, ou entre nós que estejam consumindo uma transação. Qualquer nó na rede pode oferecer serviços baseados em seu conhecimento de transações em qualquer outro lugar naquela rede.

Além de criar uma rede P2P técnica, os blockchains também criam um mercado de usuários. As redes e as aplicações criam sua própria economia (distribuída), com uma variedade de tamanhos e intensidade. Então elas trazem consigo um modelo econômico, e essa é uma característica-chave que será mais bem explorada adiante neste livro.

10. Camada de Serviços Confiáveis

Todos os blockchains possuem a confiança como uma unidade de serviço atômica. Em essência, é uma função e um serviço prestado. Mas a confiança não se aplica somente a transações. Ela se estende para dados, serviços, processos, identidade, lógica de negócios, termos de um acordo ou objetos físicos. Ela se aplica a quase qualquer coisa que possa ser digitalizada como um ativo (inteligente) com um valor inerente ou relacionado ligado a ela.

Agora imagine a possível combinação de inovações que serão criadas com essas dez características poderosas. Ao combiná-las, você começará a imaginar os incríveis poderes do blockchain.

TRANSAÇÃO DE ESTADO E DE MÁQUINA — O QUE SÃO?

O blockchain não serve para tudo. E nem tudo se encaixa no paradigma do blockchain. Ele é uma "máquina de estado", que é outro conceito que precisa ser entendido.

Em termos técnicos, um estado significa apenas "informações armazenadas" em um ponto específico do tempo. Uma máquina de estado é um computador ou dispositivo que lembra o status de alguma coisa em um dado instante. Baseado em algumas entradas, o status pode mudar, e fornece um resultado para essas mudanças implementadas. Controlar as transações desses estados é importante, e é isso o que o blockchain faz bem, de uma maneira imutável. Em contraste, o registro da base de dados é mutável, porque pode ser reescrito muitas vezes. Nem todas as bases de dados possuem rastros auditáveis, e mesmo que tenham, eles podem ser facilmente destruídos ou perdidos, porque não são invioláveis. No blockchain, o histórico de transações é uma parte persistente da informação sobre o estado. Na Ethereum, uma "árvore de estado" é armazenada, representando o balanço atual de cada endereço, assim como uma "lista de transações", representando as transações entre o bloco atual e os anteriores em cada bloco.

Máquinas de estado são uma boa maneira para implementar sistemas distribuídos que têm que ser tolerantes ao fracasso.

OS ALGORITMOS DE CONSENSO

No coração de entender a severidade na mudança de paradigma do blockchain está o entendimento do conceito do "consenso descentralizado", um princípio-chave da revolução da computação baseada em criptografia.

O consenso descentralizado quebra o velho paradigma da conformidade unificada, isto é, quando uma base de dados central regulava a validade da transação. Um esquema descentralizado (no qual os protocolos do blockchain estão baseados) transfere a autoridade e a confiança para uma rede virtual descentralizada, e possibilita que seus nós registrem transações contínua e sequencialmente em um "bloco" público, criando uma única "corrente", o blockchain. Cada bloco sucessivo contém um "hash" (uma impressão digital única) do código anterior; assim, a criptografia (por códigos de hash) é usada para assegurar a autenticação da fonte de transação e remover a necessidade de um intermediário centralizado. A combinação da criptografia e da tecnologia do blockchain garante que nunca haja um registro duplicado da mesma transação. O que é mais importante aqui é que, com esse grau de separação, a lógica consensual é separada da aplicação em si, então elas podem ser escritas para serem organicamente descentralizadas, e essa é a centelha para uma variedade de inovações de mudança de sistema na arquitetura do software das aplicações, estando relacionadas a dinheiro ou não.

Você poderia pensar no consenso como a primeira camada de uma estrutura descentralizada. Essa é a base para o protocolo fundamental que governa uma operação do blockchain.

Um algoritmo de consenso é o núcleo do blockchain que representa o método ou o protocolo que realiza a transação. É importante, porque precisamos confiar nessas transações. Como um usuário de negócios, você não precisa entender as maneiras exatas como esses algoritmos funcionam, contanto que você acredite em sua segurança e confiança.

O Bitcoin iniciou o método de consenso de Prova-de-trabalho (POW — *Proof-of-Work*, em inglês), e pode ser considerada a avó desses algoritmos. A POW está baseada no algoritmo popular de

Tolerância às Falhas Bizantinas,[9] que permite que as transações sejam realizadas seguramente de acordo com um dado estado. Uma alternativa à POW para conseguir um consenso é a Prova--de-participação (POS — *Proof-of-Stake*, em inglês).[10] Há outros protocolos de consenso, tais como RAFT, DPOS e Paxos, mas não tentaremos compará-los uns aos outros, porque eles serão vistos como padrões com o tempo. O que mais importará será a robustez das ferramentas e as tecnologias de middleware que estão sendo construídas em cima dos algoritmos, assim como os ecossistemas de atores valorosos que os rodeiam.

Um dos inconvenientes do algoritmo de POW é que ele não é ecologicamente correto, porque requer grandes quantias de poder de processamento de máquinas especializadas que geram energia excessiva. Um forte competidor para a Prova-de-trabalho (POW) será o algoritmo Prova-de-participação (POS), que depende do conceito de mineração virtual e voto baseado em token, um processo que não requer a mesma intensidade de processamento computacional que a Prova-de-trabalho e que promete alcançar a segurança de uma maneira mais efetiva, financeiramente falando.

Finalmente, ao discutir algoritmo de consenso, você precisa considerar o método "permissivo", que determina quem controla e participa do processo de consenso. As três escolhas populares para o tipo permissivo são:

1. Público (por exemplo, POW, POS, POS encarregado)

2. Privado (usa chaves secretas para estabelecer uma autoridade em um blockchain confinado)

3. Semiprivado (por exemplo, o baseado em consórcio usa a Tolerância às Falhas Bizantinas de uma maneira federada)

PRINCIPAIS IDEIAS DO CAPÍTULO UM

1. O blockchain é uma camada de tecnologia em cima da internet, assim como a World Wide Web.

2. Um blockchain possui definições técnicas, corporativas e legais.

3. A prova criptográfica é um método de confiança que o blockchain usa para confirmar validade e finalidade de transações entre partes.

4. O blockchain redefinirá o papel de intermediários existentes (se eles aceitarem mudar), enquanto criará novos intermediários; assim, romperá os limites tradicionais de valores.

5. O blockchain possui dez características, e todas elas precisam ser compreendidas de uma maneira holística.

NOTAS

1. Bitcoin: A Peer-to-Peer Electronic Cash System. Disponível em: <https://bitcoin.org/en/bitcoin-paper> (conteúdo em inglês).

2. O "maximalismo" Bitcoin refere-se à opinião que somente apoia o Bitcoin a custa de todos os outros blockchains ou projetos relacionados à criptomoeda, porque os maximalistas acreditam que nós só precisamos de um único blockchain e de uma única moeda para atingir os benefícios das redes.

3. The Untapped Potential of Corporate Narratives. Disponível em: <http:// edgeperspectives.typepad.com/edge_perspectives/2013/10/ theuntapped-potential-of-corporate-narratives.html> (conteúdo em inglês).

4. Myerson, Roger B. (1991). *Game Theory: Analysis of Conflict,* Harvard University Press.

5. Leslie Lamport, Robert Shostak, and Marshall Pease, *The Byzantine Generals Problem.* Disponível em: http://research.microsoft.com/ en-us/um/people/lamport/pubs/byz.pdf (conteúdo em inglês).

6. *IT Does not Matter.* Disponível em: <https://hbr.org/2003/05/it-doesnt-matter> (conteúdo em inglês).

7. PayPal, website: www.paypal.com/br/home.

8. Comunicação pessoal com Vitalik Buterin, fevereiro de 2016.

9. Tolerância às Falhas Bizantinas. Disponível em: <https:// en.wikipedia.org/wiki/ Byzantine_fault_tolerance> (conteúdo em inglês).

10. Prova-de-participação, <https://en.wikipedia.org/wiki/Proof-of-stake> (conteúdo em inglês).

COMO A CONFIANÇA DO BLOCKCHAIN SE INFILTRA

"Não consigo entender o porquê de as pessoas terem medo de novas ideias. Tenho medo das antigas."

— JOHN CAGE

CHEGAR A UM CONSENSO é a essência das operações do blockchain. Mas ele o faz de uma forma descentralizada, que quebra o velho paradigma de um consenso unificado, quando uma base de dados central regulamentava a validade da transação. Um esquema descentralizado (no qual o blockchain se baseia) transfere autoridade e confiança para uma rede descentralizada, e permite que seus nós registrem contínua e sequencialmente suas transações em um "bloco" público, criando uma única "cadeia" — o blockchain.

É claro, ele está destinado a afetar quase tudo. O desafio é saber como, quando e qual será o impacto. O primeiro capítulo foi essencial para abordar suas capacidades múltiplas, abrindo caminho para um entendimento de seu uso, e fazer com que você acredite que transações peer-to-peer podem ser finalizadas no blockchain sem intermediários conhecidos.

[31]

O blockchain não possui apenas uma função. Ele possui muitas formas.

Se você o vir como uma tecnologia, então o implementará assim. Se o vir como um viabilizador de mudanças nos negócios, pensará em processos corporativos. Se você discernir sobre implicações legais, será encorajado por suas novas características de governança. E se o vir como um papel em branco para novas possibilidades de design, que ou não existiam antes ou desafiam legados existentes, então você usará a criatividade para criar novas oportunidades.

Em sua origem, o blockchain (e certamente o Bitcoin) é uma tecnologia que surgiu para desafiar o status quo sem pensar em que ele se apoia. Não havia menção na pesquisa de Nakamoto sobre a integração com o mundo existente. Muito disso veio depois, por aqueles que interpretaram e aplicaram o Bitcoin de maneiras diferentes.

Em um nível maior, em uma perspectiva de aceitação e desenvolvimento de mercado, o futuro da tecnologia blockchain se desdobrará mais ou menos como ocorreu com a web.

UMA NOVA CAMADA DE CONFIANÇA

O blockchain rompe e redefine nossas crenças acerca da confiança.

Se excluirmos as conotações espirituais, filosóficas e emocionais ao pensar em confiança, no que diz respeito às transações de negócios, pensamos nos seguintes significados: confiança, previsibilidade, verdade, garantia, crédito, certeza, responsabilidade e dependência.

Como cidadãos ou empresários, estas são algumas instituições de confiança com as quais interagimos diariamente: bancos, governo, empresas de cartão de crédito e companhias de utilidades.

Nós tipicamente confiamos nessas organizações porque a maioria delas faz um bom trabalho na maior parte do tempo, armadas com nossa confiança. Os bancos não roubam nosso dinheiro, e eles permitem que a gente saque sempre que desejar. O governo disponibiliza serviços em troca de taxas. As companhias de cartão de crédito permitem que peguemos dinheiro emprestado, com a conveniência de podermos utilizá-lo em qualquer local. E empresas de utilidades nos fornecem eletricidade, água ou serviços de telecomunicações, desde que paguemos nossas contas.

Não há nada de errado nisso, você talvez pense. Ainda assim, para cada uma dessas empresas, podemos pensar em casos nos quais a confiança foi carcomida, abusada, negligenciada, esquecida ou, muitas vezes, bem cara.

Bancos atrasam ao descontar nossos cheques, mesmo que possam debitar de nossas contas imediatamente quando fazemos compras. O governo desperdiça o que pagamos em taxas, mas isso não podemos ver ou provar facilmente. As companhias de cartão de crédito nos cobram 23% de juros, mesmo que a taxa básica de juros esteja em 1%. Empresas de serviços públicos nos sujeitam a faltas ou degradações sem nos compensar, ou, ainda pior, elas podem mudar suas taxas ou termos sem que percebamos.

Há uma relação de causa e efeito aqui. Essas instituições podem sair ilesas desses casos extremos (os efeitos lamentáveis), porque confiamos nelas em 95% do tempo e toleramos suas falhas na confiança. Então, o que o blockchain tem a ver com isso?

O blockchain não ajudará muito nesses 5% das vezes em que os casos "ruins" acontecem. Mas vamos argumentar que o blockchain pode fazer muito para melhorar a transparência para os outros 95% das vezes, quando há confiança nas transações, então os efeitos das falhas na confiança poderiam ser eliminados (ou ao menos reduzidos). Ao trazer mais transparência, as organizações falhariam menos, não só porque estariam na defensiva, ou por medo de ser questionadas, mas porque elas podem descentralizar suas falhas em

BLOCKCHAIN PARA NEGÓCIOS [33]

potencial e permitir que sejamos parte de sistemas de alarme, e, consequentemente, isso deveria resultar em diminuir os riscos.

O blockchain oferece um grau de transparência e acesso à verdade que pode prevenir violações na confiança. E se essa nova tecnologia pudesse redefinir a função da confiança que intermediários costumavam ter e nos fornecer um resultado parecido, com mais benefícios? Os blockchains oferecem verdade e transparência como uma camada básica. Mas a maioria das instituições em que confiamos não as oferece. Esse será um encontro interessante.

DESCENTRALIZAÇÃO DA CONFIANÇA — O QUE ISSO SIGNIFICA?

Com o blockchain, o trem da confiança está se dirigindo para um novo destino. Está mudando de humanos e organizações centralizadas para computadores e organizações descentralizadas, por meio de um protocolo de consenso descentralizado que governa sua distribuição.

O paradigma anterior desviava nossa atenção para autoridades de confiança e deixava que elas lidassem com nossas transações, dados, status legais, posses e finanças.

Em um novo paradigma, algumas partes dos processos de confiança serão delegadas aos blockchains que podem fazer o papel de confiança. Se a "verificação da confiança" tradicional ficou cara e é um elemento de muito atrito, talvez o blockchain possa oferecer uma solução.

A pergunta principal é: o blockchain pode nos dar a Confiança 2.0, uma melhor forma de confiança que não depende sempre de intermediários centrais, que podem falhar muito, se tornar muito burocráticos para ver os riscos e muito devagar para mudar?

Há sete princípios nos quais precisaremos confiar se formos acreditar em um futuro de confiança descentralizada.

1. Seria incorreto rotular os blockchains como uma ferramenta para a desintermediação da confiança. Na verdade, eles somente capacitam uma reintermediação dela.

2. Eles possibilitam um grau de separação da confiança. Desafiam os papéis de alguns atores confiáveis e redistribuem algumas de suas responsabilidades, frequentemente diminuindo sua autoridade.

3. O blockchain não elimina a confiança. Ele a muda e a move.

4. A confiança é sempre necessária. O que muda com o blockchain é como a confiança é entregue e conquistada. Quem quer que conquiste a confiança, conquista um relacionamento, e isso inclui confiar em um blockchain.

5. Ele descentraliza a confiança e abre caminho para entidades múltiplas, inofensivas individualmente, mas coletivamente poderosas, que o legitimam.

6. Ele rompe com a economia da confiança existente, pois os custos de entregar esta confiança agora estão distribuídos.

7. Se a confiança centralizada nos distanciou, a distribuída nos aproximará.

Isso pode soar abstrato, mas uma aspiração-chave dos blockchains é se tornar o tom para serviços baseados em confiança. Isso significa que poderemos verificar a veracidade e a autenticidade dos fatos, dados, processos, eventos, ou qualquer outra coisa, com a mesma facilidade com que procuramos por informações, serviços ou produtos no Google hoje em dia.

Discar ou pesquisar por confiança será possível conforme aperfeiçoarmos nossas iterações de "lógica da confiança".

Já aperfeiçoamos a lógica de rede. Você conecta seu computador à internet e ela funciona. Você encontra sinal de Wi-Fi e ele encontra seu computador. Você entra no carro e ele se conecta com seu celular por bluetooth. Tudo isso funciona magicamente porque nós entendemos a lógica por trás das conexões de rede, e fazemos com que isso seja simples e fácil para os usuários.

A próxima lógica a ser entendida é a da confiança. Será como incluir confiança nos hardwares ou sistemas de software e permitir que produtos e serviços por trás dessas conexões interajam facilmente uns com os outros. Pense na imensidão de coisas e ofertas que podem se tornar inteligentes quando confiamos que elas operem sem assistência humana.

A busca por transparência e verdade é uma característica complementar da confiança. A transparência faz a pergunta: podemos ver? A confiança faz a pergunta: podemos verificar?

COMO O AIRBNB PROJETOU A CONFIANÇA PARA ESTRANHOS

O que o Airbnb tem a ver com confiança de blockchain? Muito. Há uma lição dele que dominou a arte de permitir sem medo que estranhos durmam na sua casa. Para começar, conectar dois estranhos e facilitar a transação é muito parecido com facilitar a interação P2P entre duas ou mais partes que não se conhecem.

O que é comum para as duas situações é o que possibilita a transação e permite que ela ocorra ordenadamente e com confiança. O elemento em comum é compartilhar detalhes de identidade e reputação. No caso do Airbnb, os convidados compartilham muitas informações — um passo-chave que ajuda o anfitrião a confiar neles. No blockchain, a identidade e a reputação são os fatores primários que efetivamente permitem que a transação ocorra.

Segundo Joe Gebbia, cofundador do Airbnb: "Um sistema bem estruturado de reputação é a chave para a confiança. Também aprendemos que conquistar a confiança correta depende da quantidade certa de abertura de informações".

Enquanto o Airbnb foi construído para o elemento humano de confiança, o blockchain foi construído para um elemento paralelo de confiança transacional, do qual o humano também faz parte, mas nos bastidores, e esse humano é representado no blockchain por meio de seu status de identidade e reputação.

Eventualmente, o Airbnb também poderia aplicar uma identidade e reputação de indivíduo do blockchain para complementar seu processo atual. Por que reinventar algo se o blockchain fornece uma alternativa sólida que é transferível para outros serviços?

UM ESPECTRO DE SERVIÇOS DE CONFIANÇA BASEADOS EM PROVAS

A responsabilidade de provar que algo aconteceu é uma especialidade do blockchain. A hierarquia dos métodos de provas varia desde estarem embutidos como parte de um protocolo de consenso (como a Prova-de-trabalho ou a Prova-de-participação), a Prova-como-serviço (como prova uma identidade ou propriedade), até a Prova-em-serviço, que prova que algo é parte de outro serviço (tal como registro de terras ou de casamento).

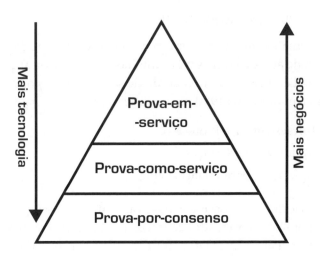

Eis uma tabela que aborda alguns exemplos de serviços relacionados às provas nos diferentes segmentos em que podemos encontrá-las. Podemos esperar uma longa lista de inovações nas categorias Prova-em-serviço e Prova-como-serviço.

PROVA-EM-SERVIÇO	
• Registro de casamento • Registro de terras • Cadeia de suprimentos • Registro de ativos	• Transações de contrapartes • Auditoria contábil • Votação • Transferência de escritura

PROVA-COMO-SERVIÇO	
• Prova de ativos • Prova de identidade • Prova de autenticidade • Prova de individualidade	• Prova de propriedade • Prova de endereço físico • Prova de proveniência • Prova de recebimento

PROVA-POR-CONSENSO	
• Prova de trabalho • Prova de participação	• Prova de autoridade • Prova de existência

O HORIZONTE DO BLOCKCHAIN

Uma forma de entender como o mercado evoluirá é representando-o de acordo com as três camadas sucessivas da arquitetura. Peguei emprestado um método de segmentação popular que usei no fim dos anos 1990 para explicar a internet:

• Infraestrutura e Protocolos

• Middleware e Serviços

• Aplicações para Usuários Finais

Genericamente, essa é a narrativa. Primeiro você precisa de um conjunto de capacidades de infraestrutura forte como elementos básicos. Para a internet, eram o TCP/IP, HTTP, SMTP, como exemplos de blocos. Para o blockchain, serão diferentes tipos de protocolos dispostos como infraestrutura. Então você precisa de uma quantidade de softwares middleware e serviços que serão construídos ou distribuídos sobre elementos de infraestrutura. O middleware estende a funcionalidade dos elementos de infraestrutura e facilita a construção de aplicações. É como a cola entre elas e a infraestrutura. Finalmente, milhares de aplicações aparecerão baseadas na infraestrutura de softwares middleware e serviços, porque elas estão sendo construídas em cima deles.

Idealmente, quanto mais maduras forem as duas camadas de baixo, mais fácil o desenvolvimento de aplicações. Sobre o caminhar da evolução, essas três camadas não são criadas em uma ordem de sucessão muito clara. Os desenvolvedores começam a construir aplicações mesmo quando a infraestrutura e as camadas middleware não estão completamente prontas. Então, tudo progride em uma evolução iterativa, em cada uma dessas camadas de representação.

BENEFÍCIOS DIRETOS E INDIRETOS

Portanto, quais são os benefícios da tecnologia blockchain? Quais problemas ela resolve?

Empreendedores e startups não precisam responder. Eles foram levados a essa nova tecnologia como patos para a água, e estão ocupados na criação de novos negócios e soluções para substituir os existentes, usando regras diferentes.

Empresas são quem está perguntando, porque os benefícios não são óbvios para elas. Para grandes companhias, o blockchain se apresentou inicialmente como uma dor de cabeça. Era algo para o qual não haviam se programado.

Eis a verdade sobre o questionamento dos benefícios do blockchain: se você está contente com o status quo, então achará que os blockchains não terão nenhum valor. É verdade, eles não são para tudo, mas se são para algo que você está protegendo, e você os ignora, então um dia talvez perceba seu erro de julgamento quando uma empresa baseada em blockchain começar a afetar seu negócio.

BLOCKCHAIN PARA NEGÓCIOS [39]

Ela pode ter sofrido inicialmente do princípio do biscoito da sorte, como delineou Bernadette Jiwa:[1] "As pessoas não compram biscoitos da sorte por que eles são melhores do que os outros, mas pelo prazer que oferecem após a refeição. O pessoal de marketing gasta um tempão tentando vender os biscoitos, quando na verdade deveriam encontrar um jeito de criar melhores sortes. Claro que seu trabalho é fazer um biscoito gostoso, o melhor que puder, mas esse pessoal deve também passar um tempo descobrindo como contar uma boa história".

Para desenvolvedores, o blockchain tem um significado. Eles encontraram a sorte nele antes de comer o biscoito. Mas para o público em geral ou muitos empreendedores, Bitcoin, blockchains ou criptomoedas não têm (ainda) muito significado, porque esse público ainda não comprou o biscoito.

Os engenheiros tipicamente querem resolver um problema técnico. Mas se isso não resultar na resolução de um problema do usuário final, esses usuários perguntarão: era uma solução que procurava um problema? Porque eu não o vejo esse problema.

O usuário quer apenas uma solução que funcione. Ele não se importa com quem criou ou sonhou com uma novidade tecnológica. Os stakeholders de um negócio também fazem parte dessa equação, porque eles sabem que problemas custam dinheiro e recebem bem as soluções que resolvem esses problemas.

Genericamente, os benefícios são parte de uma longa lista:

- **ECONOMIA:** direta ou indireta.
- **VELOCIDADE:** remove atrasos.
- **TRANSPARÊNCIA:** oferece a informação certa para a pessoa certa.
- **MAIS PRIVACIDADE:** protege consumidores e negociantes por meio de controles granulares.
- **MENOR RISCO:** melhor visibilidade, menos exposição, menos fraude, menos adulteração.

- **ACESSO:** mais igualitário.
- **PRODUTIVIDADE:** mais saída de trabalho.
- **EFICIÊNCIA:** processamento ou informações mais rápidas.
- **QUALIDADE:** menos erros ou mais satisfação.
- **RESULTADOS:** lucros e crescimento.

O blockchain não é um tipo de tecnologia de melhora de processo, mas será usado para isso, porque é mais fácil melhorar um processo existente do que criar um novo. Pelo menos essa é a sabedoria popular e o *modus operandi* que prevalece em grandes companhias.

Sim, você pode melhorar uma vez e meia ou duas, e essa é uma conquista respeitável. Mas e se você pudesse melhorar dez vezes?

Há uma estranha dicotomia entre como as startups e grandes companhias veem os blockchains. Startups os veem como uma solução para tudo, enquanto as grandes empresas os veem como um castigo, devido aos seus processos desafiadores.

EXPLICANDO ALGUMAS FUNÇÕES BÁSICAS

Propriedade Inteligente

Propriedade Inteligente é um requisito de unidade nativo para operações no blockchain. Para entendê-lo, pense em seus predecessores, um "arquivo digital" e um "ativo digital". Um ativo digital é uma versão digitalizada de um produto que inclui direitos específicos de uso e geralmente possui algum valor. Sem direitos, não é considerado um ativo, sendo somente um "arquivo digital". Exemplos de ativos digitais incluem uma música, um e-book, uma foto ou um logotipo. Antes da invenção do Bitcoin, não fazia sentido ter dinheiro como um ativo digital, porque o problema do gasto duplicado (ou envio duplicado) não havia sido resolvido, o que significa que a fraude poderia ter dominado. Como um paralelo, quando você envia uma foto de seu celular para alguém, você ainda mantém uma cópia, e ambos são donos daquela imagem. Isso não seria aceitável no mundo monetário, ou com ativos com valor ou direitos, pois eles não podem ser compartilhados por múltiplos donos.

A Propriedade Inteligente leva o conceito de um ativo digital ainda mais longe, e faz sua conexão com o blockchain de maneira que não possa haver gastos, propriedades ou envios duplicados. Se você for um criador ou possuir um ativo digital, imagine se pudesse também vincular sua propriedade (ou direitos) de maneiras irrevogáveis que não pudessem ser desfeitas a não ser que você decidisse vendê-la ou transferi-la. E tudo isso sob seu controle, não de outra pessoa.

Assim sendo, você estaria criando uma Propriedade Inteligente, que é um ativo ou algo que sabe a quem pertence. Uma Propriedade Inteligente não precisa necessariamente ser um produto digital. Ela pode ser um objeto físico que se tornou "inteligente" por meio de uma ligação explícita ou implícita com um blockchain. Há milhares de exemplos, incluindo um cadeado, um carro, uma geladeira e até mesmo uma casa. O blockchain pode ser utilizado como um banco de dados auditável ligado a sua assinatura criptográfica, e sua Propriedade Inteligente se une a uma impressão digital única baseada em seu conteúdo.

Agora, imagine os aspectos de portabilidade, flexibilidade e descoberta que acompanham essas capacidades, eles se tornam grandes facilitadores para transações, trocas financeiras ou comércios descentralizados de peer-to-peer. Uma Propriedade Inteligente é a nova forma de bits digitais feitos para o blockchain.

Marcas Temporais

As marcas temporais são uma função básica que registra permanentemente o momento em que uma ação específica ocorreu. Por exemplo, poderia ser o registro de uma mudança de proprietário de um ativo, ou o fato de que uma ação aconteceu, como um exame médico ou uma transação específica. Ela é útil para provar ou verificar em outro momento que um evento ocorreu em um período específico. Uma vez registrada no blockchain, essa marca temporal é irrefutável e imutável, então é útil ao procurar pela verdade.

Transações de Múltipla Assinatura

Múltipla assinatura (também conhecida como multi-sig) é um processo no qual mais de uma assinatura é necessária para liberar o status de uma transação ou para dar o aval de uma aprovação. É o equivalente a necessitar de múltiplas assinaturas em um acordo de papel para validá-lo, mas acontece automática e rapidamente no blockchain. O que torna essa abordagem ainda mais poderosa é que você pode inserir a lógica de negócios entre as assinaturas, assim, cada assinatura pode dar início a uma nova ação, resultando na criação de serviços de garantia como parte dessas transações.

Contratos Inteligentes

Eles são a chave da tecnologia blockchain. Se você não os entende, então não entende o poder do blockchain. Eles não serão menos revolucionários do que a invenção da linguagem de marcação HTML, que permitiu que a informação fosse publicada abertamente e conectada na web. Os contratos inteligentes prometem programar nosso mundo nos blockchains, e potencialmente substituir algumas das funções atualmente executadas por intermediários lentos ou caros.

O conceito foi introduzido primeiro por Nick Szabo, em 1994,[2] mas passou por um longo período de inatividade e desinteresse porque não havia plataformas para executar tais contratos, até o advento da tecnologia Bitcoin, em 2009. Desde 2015, eles vêm se popularizando, especialmente desde que a Ethereum fez com que a programação desses contratos fosse um princípio básico do poder do blockchain.

Como qualquer outra palavra da moda, quanto mais popular, mais se espalha, e quanto mais usada, mais erros e abusos acontecem. Ela significará muitas coisas diferentes para pessoas diferentes. Veja alguns fatos sobre contratos inteligentes.

1. CONTRATOS INTELIGENTES NÃO SÃO A MESMA COISA QUE acordos contratuais. Se os mantivermos com a ideia original de Nick Szabo, os contratos inteligentes ajudarão a fazer com que a quebra de um acordo seja cara, pois eles controlam uma propriedade de valor do mundo real por "meios digitais". Então eles podem fazer cumprir uma implementação funcional de um requisito específico, e podem provar se certas condições foram cumpridas ou não. Podem ser implementações bem restritas. Por exemplo, se o pagamento de um carro não for feito no prazo, o veículo fica bloqueado até o pagamento.

2. CONTRATOS INTELIGENTES NÃO SÃO COMO contratos Ricardianos. Estes, popularizados por Ian Grigg,[3] são representações semânticas que podem definir as responsabilidades em um acordo entre partes. Também podem ser implementados no blockchain, com ou sem um contrato inteligente. Tipicamente, múltiplas assinaturas são parte da execução de um contrato Ricardiano.

3. CONTRATOS INTELIGENTES NÃO SÃO A LEI. Sendo programas de computador, são apenas tecnologias capacitadoras, mas a consequência de suas ações pode fazer parte de um acordo legal, assim, um contrato inteligente poderia transferir propriedades de uma parte a outra. Em 2016, as ramificações legais acerca de contratos inteligentes estavam em curso. Um resultado de um contrato poderia ser utilizado como rastro auditável para provar se os termos do acordo legal foram cumpridos ou não.

4. CONTRATOS INTELIGENTES NÃO INCLUEM inteligência artificial. Eles são um código que representa a lógica de negócios que ocorre em um blockchain, e são iniciados por dados externos que permitem a modificação de outros dados.

Eles estão mais próximos de um construto comandado por eventos do que de inteligência artificial.

5. CONTRATOS INTELIGENTES NÃO SÃO A MESMA COISA QUE aplicações blockchain. Eles geralmente são parte de uma aplicação descentralizada. Poderia haver vários deles em uma aplicação. Por exemplo, se certas condições em um contrato são respeitadas, então o programa pode atualizar uma base de dados.

6. CONTRATOS INTELIGENTES SÃO fáceis de ser programados. Escrever um contrato simples é fácil, especialmente se estiver usando uma linguagem específica (como a Ethereum's Solidity), que permite que você escreva processos complexos em algumas linhas de código. Mas há implementação de contratos inteligentes que usam "oráculos". Estes são fontes de dados que enviam informações para contratos inteligentes.

7. CONTRATOS INTELIGENTES NÃO SÃO APENAS PARA desenvolvedores. A próxima geração incluirá pontos de entrada fáceis de ser utilizados pelos usuários, como um navegador web. Isso permitirá que qualquer usuário configure contratos inteligentes em uma interface gráfica, ou talvez uma linguagem baseada em texto.

8. CONTRATOS INTELIGENTES SÃO SEGUROS. Mesmo na implementação da Ethereum, eles rodam como programas quasi-Turing completos. Isso significa que há um final em sua execução, e, portanto, não ficam em looping eterno.

9. CONTRATOS INTELIGENTES POSSUEM UMA GRANDE variedade de aplicações. Como HTML, as aplicações são limitadas por quem as escreve. Eles são ideais para interagir com os ativos do mundo real, Propriedades Inteligentes e instrumentos de serviços financeiros. Eles não se limitam a movimentos monetários. Aplicam-se a quase tudo o que muda de estado com o tempo e que pode ter um valor.

BLOCKCHAIN PARA NEGÓCIOS [45]

Desenvolvedores com conhecimento em contratos inteligentes serão necessários. Aprender contratos inteligentes permite que se use os blockchains sem o fardo de compreender os seus pormenores. Muitas linguagens de contratos inteligentes são derivadas de C++, Java ou Python, três das mais populares linguagens de software, o que faz com que seu aprendizado seja fácil.

Eles são um pedaço da arquitetura da tecnologia blockchain pouco apreciado. Ainda assim, prometem empoderar o blockchain do futuro.

Se a confiança é a principal unidade do blockchain, então os contratos inteligentes são o que programa as variedades de confiança em aplicações específicas. Em breve, haverá milhares deles bombardeando os blockchains com representações lógicas de nosso mundo, e essa é uma boa evolução para se esperar.

Oráculos Inteligentes

Os oráculos são um conceito interessante e se relacionam aos contratos inteligentes. Você pode pensar neles como dados fora da cadeia que um contrato inteligente pode utilizar para modificar seu comportamento. Oráculos inteligentes contêm uma representação de informações do mundo real, tais como identidade, endereço ou um certificado, e também podem ter uma propriedade de agente que direciona o comportamento de um contrato inteligente.

Eles trabalham juntos em harmonia porque um deles está no blockchain (contratos inteligentes), e o outro está fora da cadeia (oráculos inteligentes). Por exemplo, um contrato inteligente que se compromete com uma função Know Your Client (KYC, Conheça Seu Cliente) poderia interagir com um oráculo inteligente que contém informações de identidade. Ou, se um policial deseja checar o status de uma carteira de motorista, em vez de acessar o banco de dados de veículos, ele poderia verificar as últimas informações pertinentes à validade da carteira no blockchain. Assim, em vez de manter centrais de bancos de dados caros, o departamento de veículos poderia se tornar um oráculo inteligente e publicar seus dados no blockchain. Os dados seriam criptografados e apenas acessíveis às autoridades que detenham as chaves para acessá-los, mas o processo seria mais eficiente e barato.[4]

O QUE UM BLOCKCHAIN CONFIÁVEL POSSIBILITA?

Sugeri uma maneira prática de lembrar o que o blockchain faz. Apenas lembre-se da palavra ATOMIC e se lembrará do que cada letra significa.

ASSETS, TRUST, OWNERSHIP, MONEY, IDENTITY, CONTRACTS

Assim, o blockchain oferece, traduzindo para o português:

- Ativos programáveis
- Confiança programável
- Propriedade programável
- Dinheiro programável
- Identidade programável
- Contratos programáveis

Juntos, esses seis conceitos são catalisadores poderosos para entender como o blockchain pode ser usado em qualquer situação.

Vamos falar mais sobre esses tópicos.

Criação e Movimento em Tempo Real de Ativos Digitais

Ativos digitais podem ser criados, gerenciados e transferidos em uma rede blockchain sem haver atrasos por causa de intermediários. Não haver a necessidade de intervenção humana ou de um banco de dados para recorrer é uma novidade fundamental.

Incluindo Regras de Confiança em Transações e Interações

Ao inserir regras que representam a confiança em transações, o blockchain se torna uma nova maneira de validar as transações via lógica na rede, não via entrada de base de dados ou autoridade central. Assim, um novo "fator de confiança" é parte da transação.

Marca Temporal, Direitos e Provas de Propriedade

O blockchain permite a marcação temporal de documentos que representam direitos ou propriedades, assim, fornece provas irrefutáveis que são criptograficamente seguras. Isso possibilita uma variedade de aplicações a serem construídas em cima dessas capacidades de verificação.

Autoexecução da Lógica de Negócios

Como a verificação é feita pela caixa-preta do blockchain, e o componente da confiança é parte da transação, o resultado é uma transação transparente. O acerto de contas e a determinação dos ativos são mesclados.

Transparência Seletiva e Privacidade

Isso é conseguido por causa das tecnologias criptográficas, e resultará em novos níveis de privacidade de segurança de dados descentralizados, nos quais as transações podem ser verificadas sem revelar tudo sobre a identidade de seus proprietários. A transparência expõe a ética de um negócio, então ela será resistente. Mas um maior nível de transparência também aumenta a confiança.

Resistência a Pontos Únicos de Falha ou Censura

Como o blockchain é formado por diversos computadores e recursos descentralizados, não há um único ponto de falha; assim, a rede é mais resiliente do que infraestruturas unificadamente controladas. E os blockchains são geralmente resistentes à censura, devido à natureza descentralizada de armazenamento de dados, criptografia e controle das partes na rede.

PROPRIETÁRIOS DE IDENTIDADE E REPRESENTAÇÃO

Anônimos, pseudônimos ou identidades reais podem ser mapeados exclusivamente no blockchain, oferecendo-nos a promessa de possuirmos nossa própria identidade, e não tê-la controlada pelo Google ou Facebook.

A visão da identidade baseada no blockchain promete empoderar usuários, que estarão no completo controle de sua identidade.

Essa promessa poderia levar a assinaturas fáceis e únicas que conduzem os usuários da internet direto ao labirinto de entradas e pontos de acesso para desbloquear informações pessoais, serviços de acesso e transações com ativos digitais.

Em sua forma mais simples, o blockchain pode ser utilizado unicamente para autenticar sua identidade, de maneira irrefutável e imutável, porque sua "chave" é sua identidade. Mas o que acontece se você precisa de diversas chaves porque cada serviço requer uma diferente? Imagine se você tivesse cinco chaves para sua casa e, dependendo do dia, ou da porta, você precisasse de uma diferente. Ou, se você tivesse cinco casas diferentes em partes diferentes do mundo, você certamente pensaria em um jeito de guardar suas chaves. É possível, mas trabalhoso.

Online, já somos desafiados com a quantidade de senhas em nossa cabeça, ou em notas, e sempre nos preocupamos com a possibilidade de sermos hackeados ou de esquecer as senhas. Espero que as soluções de acesso e identidade do blockchain possam ser melhores dos que as de hoje em dia.

Em um mundo ideal, por que nossas identidades online e offline não poderiam se mesclar? Por que temos que aceitar que nossas carteiras de motorista sejam válidas somente em ambientes físicos (na maioria das vezes), e que nossas identidades online (Facebook) sejam inúteis no aeroporto ou no banco? É claro, novos passaportes estão caminhando para o momento em que os escanearemos no aeroporto e completaremos nossa identificação com um escaneamento de retina ou outras informações para triangular nossa identidade.

No mundo do blockchain, há várias abordagens direcionadas à segurança pessoal e de identidade, incluindo acesso a dados e serviços. Algumas necessitam de novas soluções de hardware, outras são baseadas em software, e outras se integram com soluções de negócio a negócio.

HARDWARE. A analogia é similar a mostrar um passaporte ou outro documento oficial, como a carteira de motorista. Esse cartão nos dá acesso a viagens ou nos autoriza a dirigir. No blockchain, algumas dessas soluções também combinam dados biométricos às outras autenticações. Exemplos: ShoCard, Case.

SOFTWARE. A analogia mais próxima são as identificações que fazemos na web ao entrar em sites usando nossas IDs do Facebook, Twitter ou Google. Mas, com as soluções do blockchain, os papéis estão trocados: você registra sua identidade primeiro e depois a conecta com suas contas sociais. Exemplos: Netki, OneName, BitID, Idenifi.

INTEGRAÇÃO PRIMEIRO. Enquanto as duas abordagens anteriores geralmente começam com o consumidor, este segmento começa identificando os requisitos de integração com soluções de negócios existentes. Exemplos: Cambridge Blockchain, Trunomi, uPort, Tradle, Ripple KYC Gateway.

Esquemas de identificação do blockchain têm uma chance, mas há incertezas. Pensando no consumidor, eles poderiam substituir nossa ligação com o Facebook, Google ou Twitter e nos enganar para começar com eles? E para os negócios, eles poderiam suplantar soluções já arraigadas, tais como a solução de identidade pessoal multibanco, multirrede da SWIFT, ou a KYC do Markit?

Para soluções baseadas em blockchain, a demanda é alta para requerimentos de simplicidade e alcança um grande número de usuários. Elas vão contra os milhões de usuários do Google, Facebook e Twitter ou as milhares de instituições financeiras que já utilizam SWIFT ou Markit.

É claro que a indústria do blockchain poderia ter sua própria solução. Por que deveríamos estar sujeitos aos processos repetitivos de Know Your Client sempre que nos registramos para uma transação com moedas virtuais? Não vamos cometer os mesmos erros do mundo físico.

Quando falamos da implementação e evolução das soluções de blockchain, há algumas questões:

Questões do Consumidor

Que tipos de aplicações guiarão essas novas formas de representação de identidade? No mundo do Facebook e Google, suas aplicações específicas (como mídia social ou acesso a documentos) guiam nosso uso. Mas, no blockchain, a maioria dos desenvolvedores de soluções está correndo para entregar soluções antes de incluí-las nas aplicações que guiarão o uso.

- Uma camada de identidade pessoal online autogerenciada consegue suplantar o padrão atual de usar o Facebook ou Google para autenticar nossa identidade e acesso à informação?
- Os usuários serão capazes de gerenciar a complexidade que acompanha maiores níveis de regras de segurança e acesso?
- O que a portabilidade realmente significa no contexto de identidade? Ela gerará o gerenciamento de múltiplas identidades e será o mesmo pesadelo de múltiplas senhas?
- Qual é o papel da tecnologia de conhecimento-zero na proteção da confidencialidade de transações e privacidade de indivíduos?
- Qual é o papel do celular? Ele pode se tornar nosso "passaporte digital", como está se tornando nossa carteira digital?

BLOCKCHAIN PARA NEGÓCIOS [51]

Considerações de Negócios

O que acontece se perdermos nossos cartões de segurança ou chaves privadas? Podemos confiar no autogerenciamento de dados do usuário comum tão facilmente quanto eles protegem sua propriedade em casa?

- Precisamos de novos tipos de autoridades de certificação para fornecer seus selos de aprovação nesses sistemas de identidades?

- Poderíamos configurar o acesso à informação de um modo mais granular, para que as regras de segurança peer-to-peer possam suplantar soluções de firewall?

- Qual é a relação com práticas atuais de Know Your Client (KYC), e essas novas soluções de identidade fornecerão uma camada mais segura para dificultar atividades anti-terrorismo?

- Mais aplicações de consumidores ou de negócios serão geradas?

- Há obstáculos legais ou regulatórios que precisam ser endereçados para possibilitar o desenvolvimento completo desses tipos de solução?

Questões Éticas

A mudança de hábitos é o maior obstáculo na adoção de tecnologias, e não será diferente. Ainda não sabemos se uma virada completa para identidades digitais convidaria ao abuso, diminuiria conflitos ou aumentaria o envolvimento do usuário.

- A separação de dados e identidade é uma coisa boa? Isso cria múltiplas pseudoidentidades e *personas ad nauseam*?

- E o impacto histórico de transações em nossa reputação? A avaliação de nossa reputação online se tornará o novo modelo de avaliação de risco para empréstimos?

- O anonimato é uma coisa boa, ou pode haver abuso para conseguir objetivos maliciosos?
- Isso abre o mercado para promover inclusão financeira, ou aumenta a barreira de adoção?

SEGURANÇA DE DADOS DESCENTRALIZADOS

O blockchain traz algumas soluções para o dilema de dados balanceados, identidade, privacidade e segurança, baseados em transações.

Acompanhamos violações de segurança e privacidade em organizações grandes/centrais (Target, Sony, Blue Cross, Ashley Madison e o governo turco), e isso nos leva a nos perguntar se a web ou grandes bancos de dados são realmente seguros. A privacidade das informações de clientes, cidadãos e históricos de transações pode ser comprometida, e isso implica na segurança dos dados das aplicações e identidades online.

Veja o blockchain e as aplicações descentralizadas baseadas nele. Seu advento traz possíveis soluções para a segurança de dados porque a criptografia se torna uma parte padrão de aplicações blockchain, especialmente as que pertencem às partes de dados. Por padrão, tudo é criptografado. Pelo mérito de descentralizar a arquitetura dos elementos da informação, cada usuário pode ser proprietário de seus dados privados, e repositórios centrais são menos vulneráveis a perdas de dados ou violações, porque eles apenas armazenam informações criptografadas e apontadores codificados para locais de armazenamento distribuídos que estão espalhados por redes de computadores também distribuídas. Assim, hackers não conseguem reconstruir ou entender quaisquer informações parciais que podem ter em mãos. Pelo menos, essa é a teoria por trás dessa visão, e há trabalho a ser realizado para trazer isso para a realidade.

Nesse novo mundo de tecnologias descentralizadas, os requisitos de segurança, privacidade e propriedade de dados são parte do design, e não uma reflexão posterior. Eles vêm em primeiro lugar.

Mas blockchains não são perfeitos. Eles também introduzem desafios de segurança por causa de seu design, que relaciona três áreas-chave:

- Mecanismo de consenso em blockchains
- Descentralização de arquiteturas computacionais
- Clientes peer-to-peer

O consenso nos blockchains públicos é feito publicamente, e teoricamente está sujeito aos ataques Sybil (apesar de ainda não terem ocorrido). A tendência para arquiteturas de computação descentralizadas requer um novo pensamento para planejar e escrever aplicações diferentes das arquiteturas tradicionais da web. Finalmente, cada vez que você faz o download de um software que fica em seu computador ou celular e ele "ouve" a rede, você está potencialmente abrindo riscos à segurança, a menos que seja bem implementado.

Ademais, precisamos ter ciência de que os dispositivos da Internet das Coisas também estão sujeitos a quebras de segurança, porque vulnerabilidades em potencial vêm dos centros às bordas, sempre que há recursos computacionais nelas.

Por sorte, algumas soluções estão sendo criadas, como blockchains privados, provas de conhecimento-zero e assinaturas em anel, mas não entraremos nesse território técnico neste livro.

Outra coisa boa é que não precisamos reinventar segurança e dados descentralizados nem escrever aplicações descentralizadas, porque há novas plataformas que fornecem esses blocos básicos como parte de suas ofertas centrais.

Se for um desenvolvedor, as implicações para o futuro são:

1. Garantir a segurança de dados em aplicações enquanto você as escreve

2. Descentralizar dados de usuários para protegê-los

3. Aprender sobre blockchains e tecnologias descentralizadas

4. Escrever contratos inteligentes em novas arquiteturas de nuvem (sem servidores)

5. Repensar propriedades de identidade para seus clientes

Segurança e privacidade precisam ser parte do design inicial, e não uma reflexão posterior.

ANONIMATO E COMUNICAÇÃO INDETECTÁVEL

O blockchain possibilita o anonimato do usuário por escolha, e essa é uma das características mais irritantes para reguladores e autoridades de registros financeiros, especialmente em aplicações para consumidores. É claro, eles pensam em lavagem de dinheiro, comércio ilícito e atividades terroristas, nas quais os usuários poderiam se esconder por trás de identidades pseudoanônimas e sair do radar por muito tempo antes de serem descobertos. Obviamente, esse não é o objetivo de blockchains públicos ou aplicações descentralizadas, e apesar de casos esporádicos e periféricos para pessoas comuns, eles são altamente relevantes para legisladores e instituições governamentais.

Sem varrer os riscos em potencial associados à proteção implícita de criminosos para debaixo do tapete, há casos nos quais a comunicação indetectável é desejada, por razões boas e válidas.

Segundo David Chaum, o inventor do dinheiro digital e de tecnologias de privacidade: "Comunicação indetectável é fundamental para a liberdade de expressão, e geralmente aumenta a privacidade online, incluindo comunicação peer-to-peer. Para direcionar essas necessidades, um sistema deveria suportar, idealmente com um conjunto de ferramentas de anonimato, os casos mais comuns: chat, compartilhamento de foto/vídeo, acompanhamento de feed, pesquisa, posts, pagamentos, todos com vários tipos de autenticação pseudoanônima em potencial".

Em 1994, Kevin Kelly, autor de *Out of Control* (*Fora de Controle*, em tradução livre), escreveu:

Uma boa sociedade precisa mais do que somente anonimato. Uma civilização online precisa de anonimato, identificação, autenticação, reputação, garantidores de confiança, assinaturas, privacidade e acesso. Todos ingredientes essenciais de uma sociedade aberta.

É desanimador perceber que, em 2016, ainda estamos muito atrás nessa visão de uma "sociedade online boa e aberta". O blockchain pode ajudar, pois muitas companhias web centralizadas embargaram o que poderia ser um conjunto de serviços mais descentralizados.

Esperamos poder reconciliar os requisitos de anonimato e contabilidade, e atingir um equilíbrio entre os dois, no qual "maliciosos" podem ser retirados da rede, preservando a normalidade das operações para os "bons" usuários.[5]

BLOCKCHAIN COMO NUVEM

Também podemos pensar nos blockchains como uma infraestrutura compartilhada que é como um utilitário. Pense em como pagamos a infraestrutura da internet: nós a subsidiamos pagando taxas mensais para provedores. Conforme os blockchains públicos se proliferam e começamos a rodar neles milhões de contratos inteligentes e serviços de verificação, também podemos subsidiar suas operações, pagando por meio de microtransações, na forma de taxas, pedágios de contratos inteligentes, doações ou esquemas de pagamento por uso.

Os blockchains são como um computador virtual em algum lugar em uma nuvem distribuída que é virtual e não requer configurações de servidor. Quem quer que abra um nó de blockchain roda o servidor, mas não usuários ou desenvolvedores.

Então o blockchain é como uma infraestrutura em rede de máquinas computacionais. Com isso em mente, podemos facilmente imaginar como programas de computadores podem rodar nessa nova infraestrutura.

Mas não deveríamos interpretar essa analogia literalmente. A infraestrutura do blockchain não substitui a computação em nuvem. Ela a desagrega e democratiza partes dela.

A infraestrutura do blockchain lembra uma camada da infraestrutura de computação em nuvem. Máquinas virtuais de blockchain podem ser muito caras se formos comparar suas funcionalidades a um serviço em nuvem típico, tais como o Amazon Web Services ou DigitalOcean, mas elas serão úteis para contratos inteligentes que executam sua lógica no maquinário virtual de blockchain ou em aplicações descentralizadas, também chamadas de Dapps. Também podemos ver um futuro no qual nós clientes poderão conversar uns com os outros diretamente em cenários nos quais os blockchains são muito caros ou lentos.

Ao rodar uma aplicação em nuvem (como o Amazon Web Services ou Microsoft Azure), você paga de acordo com uma combinação de tempo, armazenamento, transferência de dados e requisitos de velocidade de computação. A novidade com os custos de máquinas virtuais é que você paga para rodar a lógica de negócios no blockchain, que está rodando em servidores físicos (em infraestruturas de nuvem existentes), mas você não tem que se preocupar com a configuração desses servidores, pois eles são gerenciados por outros usuários, que estão sendo pagos para rodar aquela infraestrutura através da mineração.

Além do mais, a nuvem do blockchain possui uma forma de modelo de cobrança de valores pequenos que faz paralelo com a nuvem da computação tradicional, mas com uma nova camada. Não é uma separação física da nuvem, mas uma formação de uma nova camada da validação da transação baseada em criptografia e registros de transição de estado em uma nuvem paralela, porém mais fina.

BLOCKCHAIN PARA NEGÓCIOS [57]

Mas eis o desafio de rodar aplicações nessa nova infraestrutura: requer um certo trabalho seu. Esse trabalho vem na forma de aderir a um novo paradigma de apps descentralizados que seguem uma nova arquitetura e que foi apelidado de "Web3" por Gavin Wood.[6] A Web3 é uma arquitetura que roda especificamente no blockchain. Usando a Ethereum como um exemplo, ela inclui: 1) um navegador avançado como cliente; 2) o registro do blockchain como um recurso compartilhado; e 3) uma rede virtual de computadores que roda programas de lógica de negócios inteligentes de forma descentralizada, ao interagir com o mecanismo de consenso do blockchain, que faz transações ou troca algum valor. Esse novo paradigma, na realidade, exemplifica a direção futura da computação descentralizada baseada em criptografia, e é uma variação da arquitetura de apps web existentes, consistindo de navegadores que rodam com Javascript e códigos que rodam em servidores de empresas.

Em um contexto maior, o que está acontecendo aqui? Vamos colocar em perspectiva. Estamos testemunhando uma diminuição nas várias peças tecnológicas.

- As Interfaces de Programação de Aplicações (APIs) estão surgindo de uma infraestrutura pública que está assegurada criptograficamente (os blockchains).

- Os blockchains estão sendo usados como uma nova forma de base de dados, por exemplo, como um espaço para armazenar permanentemente chaves (ou hashes) criptográficas imutáveis em Tabelas de Hash Distribuídas (DHTs), que apontam para quantidades de dados maiores, que são armazenados fora da cadeia.

- Um novo tipo de navegador permitirá que usuários lancem aplicações descentralizadas (Dapps), não somente páginas da web.

- O Protocolo de Hipertexto original da World Wide Web está sendo aumentado por um novo protocolo hipermídia chamado de InterPlanetary File System (IPFS), que é um sistema de arquivo distribuído peer-to-peer que conecta todos os dispositivos de computação com o mesmo sistema de arquivos.

- A Lei Contratual está sendo fatiada, por exemplo, por meio de contratos Ricardianos que gerenciam a responsabilidade de uma parte a outra (por exemplo, OpenBazaar está implementando-os em seu protocolo de comércio eletrônico peer-to-peer).

Eis uma profunda implicação para as grandes empresas. Os usuários de negócios também poderão rodar seus próprios contratos inteligentes, apps P2P e outros Dapps em um blockchain aberto sem pedir permissão dos departamentos de TI, assim como aquele Software-as-a-Service (SaaS) era um Cavalo de Troia que permitia que trabalhadores assinassem serviços por meio de uma conta, sem envolver as infraestruturas da companhia (até que houvesse alguma integração).

Essa nova forma de SaaS será possível porque uma nova camada de infraestrutura pode emergir ao ser suportada por um modelo peer-to-peer baseado em custo compartilhado. É bem possível que os custos dessa nova infraestrutura de computação sejam tão baratos quanto o acesso à internet hoje, em uma base por usuário. Se for o caso, isso expande ainda mais as possibilidades das aplicações.

A fina nuvem representa liberdade e flexibilidade para usuários e desenvolvedores. Ela permitirá que qualquer um crie sua própria lógica de negócios para propriedade, comércio, lei contratual, formatos de transação e funções de estado de transição sem se preocupar com a configuração de uma infraestrutura.

Devemos adotar a nuvem como um resultado das infraestruturas de blockchain, e devemos inovar com aplicações criativas que rodam nela.

ATINGINDO MILHÕES DE BLOCKCHAINS

Em 1994, quando a web surgiu, os sites eram a novidade, e até 1998 mantivemos listas de empresas na Fortune 500 com ou sem sites. Demorou cerca de três anos até que a maioria das empresas tivesse um. Então, a maioria desses sites mais antigos foi criticada por ser, em sua maior parte, brochuras ou páginas de informação, e continuamos nos referindo à Amazon como uma das poucas empresas que realmente conduziam seus negócios na internet.

Chegando a 2016 e além. O blockchain será o novo site, figurativamente falando. Sim, os blockchains são para os *geeks* (e o desafio é eliminar esse fator), mas toda companhia está destinada a ter ou participar de uma variedade de blockchains, sejam eles privados, semiprivados ou públicos.

Usando a analogia de websites, as empresas poderiam usar a abordagem familiar de portais para distribuir uma variedade de serviços blockchain, para facilitar a entrada de novos usuários enquanto mostram as capacidades do blockchain.

Os primeiros passos envolvem encontrar o que é apropriado para o blockchain, começando com operações atuais. Assim como com seu primeiro site, quando a pergunta era: "Quais informações podemos publicar nele?", há questões iniciais que você pode tentar responder primeiro, para descobrir potenciais casos de uso do blockchain pertencentes às variedades possíveis de serviços de troca de valores peer-to-peer.

É quase inimaginável pensar que quando Satoshi Nakamoto lançou o código para o primeiro Bitcoin, em 2009, ele consistia de apenas dois computadores e um token. Então ele continuou a crescer, porque todo mundo podia fazer o download de um programa e conectar-se à rede como um outro nó de identificação que rodava no mesmo código. Continuou sendo um tipo de rede que crescia sozinha. É assim que os blockchains públicos crescem.

O Bitcoin foi o primeiro blockchain público, e inspirou muitos outros. A Ethereum é outro grande blockchain público que tem crescido rapidamente para se estabelecer como o segundo maior e mais significativo blockchain público com multitarefas.

Uma das principais diferenças entre um blockchain público e um privado é que os públicos geralmente têm um propósito genérico e são mais baratos, enquanto que os privados possuem um uso mais específico e são mais caros, porque são custeados por poucos proprietários. Também podemos esperar que blockchains públicos com um propósito especial emerjam, como o Zcash, que promete privacidade total.

Com a proliferação de blockchains públicos, privados, semiprivados, com propósitos especiais e outros, um universo de milhões deles será atingido.

PRINCIPAIS IDEIAS DO CAPÍTULO DOIS

1. Os blockchains oferecem um novo paradigma para implementar a confiança transacional. Devemos abrir nossa mente e aceitar que a confiança será computada por máquinas, e não verificadas por humanos.

2. A confiança pode ser conquistada ao aumentar os requisitos de transparência, como compartilhar informações de identidade e reputação.

3. Os blockchains poderão provar que algo aconteceu. Haverá milhões de casos, com o acesso rivalizando com a forma como procuramos por informações.

4. O anonimato, a identidade, os dados descentralizados e a segurança são questões que estão surgindo e para as quais o blockchain funciona bem.

5. Contratos e Propriedades Inteligentes são uma parte importante das operações do blockchain, e eles abrem as possibilidades das aplicações. Os desenvolvedores se apressarão para criar aplicações baseadas em contratos inteligentes sem se preocupar com o aprendizado dos elementos internos do blockchain.

NOTAS

1. "The Fortune Cookie Principle™", Bernadette Jiwa. Disponível em: <http:// thestoryoftelling.com/fortune-cookie-principle/> (conteúdo em inglês).

2. Smart Contracts, Nick Szabo. Disponível em: <http://szabo.best. vwh.net/smart_contracts_idea.html> (conteúdo em inglês).

3. The Ricardian Contract, Ian Grigg. Disponível em: <http://iang. org/papers/ricardian_contract.html> (conteúdo em inglês).

4. Digital Identity on Blockchain: Alex Batlin's "prediction," Alex Batlin. Disponível em: <http://fintechnews.ch/blockchain_bitcoin/ digital-identity-on-blockchain-alex-batlins-prediction/803/> (conteúdo em inglês).

5. PrivaTegrity — David Chaum's Anonymous Communications Project, SecurityWeek. Disponível em: < http://www.securityweek. com/privategrity-david-chaums-anonymous-communications-project> (conteúdo em inglês).

6. Less-techy: What is Web 3.0, Gavin Wood. Disponível em: <http://gavwood.com/web3lt.html> (conteúdo em inglês).

OBSTÁCULOS, DESAFIOS E BLOQUEIOS MENTAIS

> *"Quando o vento da mudança sopra, algumas pessoas constroem muros, outras moinhos."*
>
> — PROVÉRBIO CHINÊS

UMA VEZ, um jovem procurou um sábio e disse a ele:

"Procuro conselhos, porque sou atormentado por sentimentos de inutilidade e não desejo mais viver. Todos dizem que sou um fracasso e um tolo. Te imploro, senhor, ajude-me!"

O sábio olhou para o jovem e rapidamente respondeu: "Desculpe-me, mas estou muito ocupado agora e não posso te ajudar. Tenho que ir a um compromisso muito importante..." — e parou, pensando por um momento, e então acrescentou: "Mas se você concordar em me ajudar, retornarei o favor alegremente".

"É... é claro, senhor!" — resmungou o jovem, percebendo que suas preocupações foram tidas como insignificantes mais uma vez. "Ótimo" — disse o sábio, e tirou um anel com uma bela gema de seu dedo.

"Pegue meu cavalo e vá ao mercado! Preciso vender esse anel urgentemente para pagar uma dívida. Tente conseguir um preço bom por ele, e não aceite nada menos do que uma moeda de ouro! Vá e volte o quanto antes!"

O jovem pegou o anel e galopou em direção ao mercado. Ao chegar, mostrou-o a diversos compradores, que olhavam com interesse a princípio. Mas assim que ouviam que apenas seria vendido em troca de ouro, logo perdiam o interesse. Alguns deles riam abertamente do garoto; outros simplesmente viravam as costas. Apenas um velho mercador foi decente o suficiente para explicar que uma moeda de ouro era um preço muito alto para aquele anel, que valeria apenas cobre ou, na melhor das hipóteses, prata.

Ao ouvir essas palavras, o jovem ficou muito triste, pois lembrou-se das instruções de não receber nada menos do que ouro. Após procurar por todo o mercado por um comprador entre centenas de pessoas, montou no cavalo e foi embora. Sentindo-se muito deprimido com seu fracasso, voltou a procurar o sábio.

"Senhor, não consegui cumprir a missão" — ele disse. "Na melhor das hipóteses, eu teria conseguido apenas algumas moedas de prata, porém, você me disse para não aceitar nada menos do que ouro! Mas me disseram que esse anel não vale tudo isso."

"Isso é muito importante, meu filho!" — o sábio respondeu. "Antes de tentar vender o anel, não seria uma má ideia estabelecer seu valor! E quem melhor do que um joalheiro? Procure-o para descobrir qual é o seu preço. Mas não venda para ele, não importa qual o preço! Em vez disso, volte até mim imediatamente."

O jovem montou no cavalo mais uma vez e foi ver o joalheiro. Este examinou o anel com uma lente de aumento por muito tempo, então o pesou em várias pequenas balanças. Finalmente, olhou para o jovem e disse:

"Diga ao seu senhor que agora eu não posso pagar mais do que 58 moedas de ouro por ele. Mas se ele me der mais tempo, comprarei o anel por 70."

"70 moedas de ouro?!" — exclamou o jovem. Ele riu, agradeceu ao joalheiro e correu de volta para ver o sábio. Quando este ouviu a história do menino, que agora estava animado, disse a ele: "Lembre-se, garoto, que você é como este anel. Precioso e único! Apenas um especialista pode apreciar seu real valor. Então por que está gastando seu tempo no mercado e ouvindo a opinião de qualquer tolo?"

Esta parábola me lembra das adaptações e tentativas das tecnologias Bitcoin, criptomoeda e blockchain. Em sua jornada para conseguir legitimidade e serem reconhecidas, elas confrontaram muito ceticismo e avaliações abaixo do merecido, principalmente durante encontros com a parte do público que não conseguia apreciar seu real valor.

O blockchain enfrentará resistência, será mal interpretado e rejeitado, até ser bastante aceito. Este é um capítulo sombrio deste livro. Caso você leia somente ele, talvez decida que o blockchain nunca será bem-sucedido. Esperamos que você não o venda barato no "mercado de tolos", como sugere o conto citado.

Sim, há muitos desafios e dúvidas, mas tivemos pontos cegos e incertezas similares durante os primeiros anos da internet, de 1994 a 1998. Voltando de 15 a 20 anos, as percepções mudaram sobre ela. Houve uma aceitação de que quase nada seria impossível com ela. Escolha qualquer coisa. Há uma solução ou opção relacionada com a web, e esse nível de penetração de mercado era impensável naqueles três anos.

Em relação aos blockchains, há o mesmo nível de excitação e ceticismo hoje. A internet se mostrou uma ferramenta maravilhosa, porque os grupos animados ganharam dos céticos. Mas isso não aconteceu à toa, por puro entusiasmo, ou apenas com o tempo. Aconteceu porque, desde o início, os participantes conseguiram identificar os desafios para a comercialização da internet e, um por um, os resolveram, assim as barreiras ficaram cada vez menores, e as oportunidades ficaram maiores e mais possíveis de atingir.

Vi de perto isso acontecer com a internet, quando, mais ou menos em 1994, participei do apoio à sua comercialização com a minha afiliação à CommerceNet, cujos propósitos eram ajudar a remover as barreiras na adoção, evangelizar sua visão e expor seus benefícios ao trabalhar em iniciativas tecnológicas, educacionais, legais e regulatórias que facilitaram o início da internet. A evolução do blockchain sem dúvidas repetirá a história da internet.

ATACANDO O BLOCKCHAIN COM UMA ABORDAGEM ESTRUTURAL

Olhemos holisticamente para o blockchain através da lente de uma perspectiva estrutural de Solução de Barreira Catalítica. Essa estrutura consiste em descrever corretamente os catalisadores: impulsionadores de negócios e capacitadores de tecnologia. Então podemos listar as barreiras que incluem desafios técnicos, de negócios/mercado, legais/regulatórios e comportamentais/educacionais. Finalmente, temos a responsabilidade de encontrar as soluções para cada uma dessas barreiras, uma por uma.

Não deveria haver ilusão acerca da realidade aqui. Se ignorarmos as questões por trás dessas barreiras, muitas delas não serão solucionadas por conta própria, nem desaparecerão, mas precisamos continuar nos movendo nessa direção.

A mensagem por trás dessa estrutura é nos ajudar a focar no que importa. O progresso ocorre quando impulsionadores de negócios são fortes, quando os capacitadores de tecnologia estão prontos, e quando as soluções para os desafios são encontradas.

UMA ESTRUTURA PARA FOCAR O SUCESSO DO BLOCKCHAIN

IMPULSIONADORES DE NEGÓCIOS	**CAPACITADORES DE TECNOLOGIA**
Desafios Técnicos	Desafios Comportamentais/ Educacionais
Desafios de Mercado/ Negócios	Desafios Legais/ Regulatórios
SOLUÇÕES (para Barreiras)	

Eis uma tabela para esses desafios, categorizados em quatro seções.

TÉCNICO	MERCADO/NEGÓCIOS
• Infraestrutura de ecossistemas subdesenvolvida • Falta de aplicações maduras • Escassez de desenvolvedores • Ferramentas e middleware imaturos • Escalabilidade • Sistemas legados • Prós e contras em comparação aos bancos de dados • Privacidade • Segurança • Falta de padrões	• Ativos movendo-se para o blockchain • Qualidade das ideias de projetos • Massa crítica de usuários • Qualidade de startups • Capital de risco • Volatilidade da criptomoeda • Inclusão de novos usuários • Poucas empresas com casos de sucesso • Insuficiência de indivíduos qualificados • Problemas de custos • Dilema dos inovadores[1]
COMPORTAMENTAL/EDUCACIONAL	**LEGAL/REGULATÓRIO**
• Falta de compreensão do valor em potencial • Visão executiva limitada • Gestão de mudança • Confiança na rede • Poucas boas práticas • Fator de baixa usabilidade	• Regulamentações pouco claras • Interferências governamentais • Requisitos de compliance • Excitação momentânea • Tributações e demonstrativos

DESAFIOS TÉCNICOS

Engenheiros de software e cientistas adoram enfrentar desafios técnicos. Isso os motiva a tentar resolvê-los, não importa quão difíceis sejam.

Infraestrutura de Ecossistemas Subdesenvolvida

Para começar, cada blockchain precisa de sua própria infraestrutura tecnológica, assim como um ecossistema vibrante ao seu redor, com alguns participantes para dar apoio a ele. Sob o ponto de vista da tecnologia, o próprio protocolo é um requisito mínimo, e, enquanto ele precisa ser aumentado por ferramentas e serviços online para torná-lo útil, são os indivíduos do ecossistema ao seu redor que influenciam diretamente o progresso do mercado de blockchain. Sem uma adoção, há pouco impacto.

Assim como toda a web funciona como um ecossistema, o ecossistema do blockchain seguirá o mesmo curso de emancipação, resultando em uma malha de blockchains interconectados, mesmo que no meio-tempo pareça que algumas peças da orquestra estejam faltando.

Um ecossistema vibrante inclui uma variedade de atores em cada um dos segmentos:

- *Conjunto de tecnologia* completo, incluindo infraestrutura, middleware e aplicações de software.
- *Startups* que inovam ao criar produtos e forjar novos mercados.
- *Fornecedores de soluções e serviços* que proporcionam uma implementação completa para empresas.
- *Capital de giro e risco* que se arrisca junto de empresários e cientistas.
- *Advogados*, influenciadores, analistas, voluntários, apoiadores, comunidades locais.
- *Desenvolvedores e tecnólogos* que trabalham na tecnologia original e em partes de extensão.
- *Usuários* que estão condicionados a testar produtos, como consumidores e clientes corporativos.

Falta de Aplicações Maduras

Demora para aplicações novas emergirem quando uma nova tecnologia de base vem à tona. Demorou muito antes de percebermos as aplicações web como ambiciosas e inovadoras, e muitos dos anos iniciais não foram tão inovadores, porque eles tentaram replicar o que já acontecia no mundo real. No entanto, a replicação é um bom primeiro passo, porque permite que se ganhe experiência enquanto as expectativas são baixas.

Em um caso extremo, quase qualquer aplicação de software poderia ser reescrita com um pouco de blockchain e descentralização, mas não significa que seja uma boa ideia.

Talvez 2016 seja para o blockchain o que 1995 foi para o último estágio de proliferação de aplicações web. Naquela época, a Java Virtual Machine não estava disponível, mas, quando ficou, abriu uma avalanche de oportunidades e tornou mais fácil a criação de aplicações web em grande escala. O advento da linguagem de programação Java significou que as aplicações Java poderiam rodar em qualquer Java Virtual Machine (JVM), independente da arquitetura do computador. Alguns blockchains, tais como a Ethereum, possuem uma capacidade de "máquina virtual" similar, o que permite que os programas sejam executados no blockchain sem que os desenvolvedores tenham a necessidade de pensar na arquitetura do computador.

Outra crítica ao blockchain é a falta das chamadas "aplicações matadoras", que devem aumentar exponencialmente o uso entre consumidores. Certamente esperaremos que algumas aplicações guiem outras, mas há outro ponto de vista apoiando o caso para diversas aplicações matadoras, não apenas uma. Para o último cenário, as características do mercado de cauda longa prevaleceriam.

Escassez de Desenvolvedores

Milhares de desenvolvedores de software serão necessários para levantar todos os barcos. Na metade do ano de 2016, havia mais ou menos 5 mil desenvolvedores dedicados a escrever softwares para criptomoeda, Bitcoin ou blockchains em geral.[2] Talvez outros 20 mil tenham se interessado por aquela tecnologia, ou escrito aplicações front-end que se conectavam com um blockchain de uma forma ou de outra. Esses números são insignificantes em comparação com os 9 milhões de desenvolvedores de Java (2016),[3] e cerca de 18,5 milhões de desenvolvedores de software existentes no mundo (2014).[4]

Por sorte, os blockchains são programados com linguagens e scripts similares aos populares atualmente, tais como Java, Javascript, C++, Node.js, Python, Golang ou Haskell.[5] Essa familiaridade é uma característica positiva que beneficiará programadores quando começarem a interagir com tecnologias blockchain.

O que ajudará a aumentar o número de desenvolvedores?

- Mais consciência de mercado sobre o blockchain para aumentar os níveis de interesse.
- Popularidade de programas de certificação, tais como os do CryptoCurrency Certification Consortium (C4).[6]
- Disponibilidade de cursos acadêmicos para especialização nesse campo, tais como o Master of Science in Digital Currency, oferecido pela Universidade de Nicosia, no Chipre.
- Programas de treinamento de fornecedores de blockchain.

Ferramentas e Middleware Imaturos

O middleware e as ferramentas de software do blockchain são como a cola entre a infraestrutura do blockchain e a construção de aplicações. Ferramentas de desenvolvimento de software facilitam os projetos de desenvolvimento de softwares como um todo.

Até 1998, não era fácil escrever aplicações web, e era necessário unir manualmente vários pedaços de software. Naquele tempo, várias deficiências atormentavam as aplicações web, incluindo a falta de gerenciamento robusto de transações e capacidades, escalabilidade, desenvolvimento, gerenciamento de aplicações e certamente segurança, relacionadas ao estado. Então o Netscape introduziu o famoso "Servidor de Aplicações do Netscape", um conjunto integrado de capacidades de software que incluía vários componentes e ferramentas de requisitos. Essa simplificação foi um benefício para os programadores, que a aceitaram com grande naturalidade e começaram a focar a escrita de aplicações web, em vez de se preocupar em unir as partes necessárias ou com incompatibilidades. O início do Netscape denotou o início da era da arquitetura moderna de aplicações web, que continua até hoje.

Assim que começarmos a ver produtos que prometem simplificar o início, o desenvolvimento e a implementação de aplicações blockchain, saberemos que uma nova fase começou.

Escalabilidade

A escalabilidade de blockchains é uma questão que continuará a ser debatida, especialmente referindo-se ao público do Bitcoin. Há dois desafios por trás da escalabilidade:

1. Há geralmente mais do que uma maneira de medir qualquer tecnologia, e com o blockchain não é diferente. Diversos engenheiros podem não concordar com o melhor método de medir algo, uma situação que pode resultar em longas discussões e atrasos na implementação.

2. Em 2016, alguns aspectos da escalabilidade de blockchain ainda requerem pesquisa científica, porque este novo território está mais próximo de uma nova fronteira.

Medir sistemas técnicos é um desafio sem fim. É um alvo em movimento, porque a necessidade para a escalabilidade evolui conforme você cresce, assim, você não precisa resolver um problema que você ainda não tem. Você tipicamente o resolve assim que esbarra no problema, na hora certa. Você não desenvolve uma solução para 1 milhão de usuários quando ainda está servindo apenas os mil primeiros.

Como referência, mais de 30 anos depois de sua invenção, ainda estamos desenvolvendo e refinando a escalabilidade da internet. Contemplar 50 milhões de nós em 2020 não era um problema em 1995. Mas agora que o tamanho da rede aumentou significativamente, e ultrapassamos alguns bilhões de usuários, podemos facilmente entender os próximos alvos da escalabilidade.

A escalabilidade de blockchains não será diferente do que fazemos com a internet, conceitualmente falando. Há engenheiros, cientistas, pesquisadores e designers inteligentes o suficiente para aceitar o desafio.

O que complica a escalabilidade de blockchains ainda mais é o equilíbrio necessário que precisa ser preservado entre descentralização e segurança. Medir uma rede descentralizada com um modelo econômico que está preso à sua segurança é uma nova fronteira que não foi tentada antes.

Sistemas Legados

Tipicamente, há dois problemas relacionados a empregar sistemas legados.

1. A integração com aplicações existentes.
2. O conhecimento de quais partes substituir.

A integração técnica com o legado ou outras aplicações sempre será um desafio de implementação de TI. Além disso, pode ser mais fácil desenvolver casos de uso e projetos fora dos sistemas existentes, porque você evitará o pesadelo da integração, ao menos inicialmente.

Prós e Contras em Comparação aos Bancos de Dados

Entender as trocas e sábias escolhas envolvendo bancos de dados e blockchains é uma competência-chave que precisa ser aperfeiçoada. Começa com um claro entendimento dos pontos fortes e fracos de cada abordagem (veja os Capítulos 1 e 2).

Encontrar o equilíbrio entre no que um blockchain é bom e casar os benefícios derivados com bancos de dados de back-end ou aplicações existentes é parte da mágica pela qual você precisa procurar constantemente. Ainda estamos aprendendo quais são os limites, e, como um pêndulo, podemos oscilar excessivamente para um lado, e então para o outro, até encontrar o equilíbrio.

Junto a esse tópico há a questão de armazenar dados de blockchain para requisitos de demonstrativos transacionais, históricos, analíticos e de conformidade.

Privacidade

No blockchain público, o modo padrão para qualquer visibilidade de transação são a abertura e a transparência. Isso significa que qualquer um pode verificar o caminho da transação, incluindo seus valores e seus endereços de origem e destino. Esse nível de transparência não acontece na implementação de blockchains privados. No entanto, é possível atingir a confidencialidade em transações ao criptografar os valores, e também é possível esconder as identidades por meio de um esquema de provas de conhecimento-zero.

Segurança

Sempre haverá a questão da segurança do blockchain. Ainda estamos nos acostumando com a ideia da aprovação da transação por consenso (não importa a forma do consenso) em vez da "confiança no banco de dados", que é um método mais determinístico.

Grandes organizações, principalmente bancos, não estão muito interessadas em adotar blockchains públicos para suas necessidades internas, por problemas de segurança em potencial. O argumento técnico contra a total segurança dos blockchains públicos pode ser feito facilmente no momento em que você introduz uma sombra de dúvida em um cenário que possivelmente causará estragos com a aprovação de uma transação. Apenas isso já cria medo o suficiente para formar um fator que desencoraja o blockchain público, apesar de o argumento poder ser usado a favor da segurança deles.

Falta de Padrões

Há um velho ditado: *o bom dos padrões é que há muitos diferentes para escolher.* Neste início, a tecnologia blockchain sofre do problema oposto.

Os padrões geralmente surgem de duas maneiras. Eles surgem de padrões *de facto* em virtude da adoção de mercado, ou são desenvolvidos e acordados *a priori* por um comitê de padrões, ou um consórcio.

Os padrões trazem com eles inúmeros benefícios, incluindo alguns efeitos em rede, interoperabilidade mais fácil, conhecimento compartilhado de implementação, custos potencialmente menores e menos riscos. Os padrões podem existir em camadas diferentes, como áreas técnicas, de plataforma ou relacionadas ao processo.

Mas há uma preocupação sobre eles. Não dá para competir com padrões. Eles tendem a nivelar a competição, e permitir que empresas disputem em seus próprios termos pela maneira como os implementam. Sua margem competitiva pode vir da velocidade de sua implementação, ou sua habilidade de inovar além desses padrões. O blockchain apresentará as mesmas oportunidades e embargos para usos padrões. Eles serão necessários, mas não suficientes.

DESAFIOS DE MERCADO/NEGÓCIOS

Alguns dos desafios de mercado e negócios estão relacionados ao macro, enquanto outros são mais específicos da organização.

Ativos Movendo-se para o Blockchain

O blockchain é um trilho super-rápido que move ativos digitais. Mas o primeiro desafio se relaciona a colocar o trem nos trilhos antes que ele consiga começar a se mover. Você pode criar novos ativos diretamente no blockchain ou mover os já existentes para ele. Cada abordagem envolve considerações diferentes, apesar de talvez ser mais fácil começar criando ativos nativos, por não ter que se preocupar com a integração completa de seus sistemas por um tempo.

Qualidade das Ideias de Projetos

As primeiras experiências contam, mas se suas entradas iniciais não parecerem fornecer um retorno visível, talvez a qualidade e o nível de ambição desses projetos estejam em risco. Se os projetos são tímidos, os retornos também serão.

Massa Crítica de Usuários

Isso se aplica tanto ao consumidor quanto a mercados de negócio para negócio. Muitas aplicações de consumidores requerem centenas de milhares, se não milhões, de usuários para ser consideradas bem-sucedidas. No lado dos negócios, todos os membros de uma cadeia de valor precisam estar alinhados e envolvidos em um blockchain antes de começarem a colher valores proporcionais, o que demora para ser atingido.

Qualidade de Startups

As startups de blockchain não são diferentes das tech. Haverá vários tipos de qualidade, e possivelmente apenas algumas se tornarão negócios de sucesso. Ter muitas startups é um sinal de vibração do ecossistema, mesmo que 90–95% delas não obtenham sucesso. Mesmo startups fracassadas produzem empreendedores de sucesso que têm mais tempero por causa de seu trabalho, e isso os faz ser melhores em sua tarefa da próxima vez. Deveríamos comemorar a existência de startups, apesar do fator qualidade de todo novo empreendimento.

Capital de Risco

A disponibilidade do capital de risco é essencial para investir na incubação, produção e aceleração da inovação nas aplicações de tecnologia blockchain. Os profissionais do capital de risco estão bem versados em fundos de risco e apoiam os empreendedores na realização de seus objetivos. Deveríamos esperar um aumento gradual nos investimentos de risco em startups de blockchain, o que seria um bom sinal.

Além do capital de risco, crowdfunding por criptomoeda e criptotokens também é uma opção de investimento. Essa abordagem apresenta alguns riscos e incertezas por causa da falta de controle contábil externo. Apesar de ser viável em alguns casos, a proporção de sucesso não é maior do que a de startups que tiveram investimento em dinheiro.

Volatilidade da Criptomoeda

A volatilidade da criptomoeda é um embargo para seu uso e confiança, mas espera-se que ela se estabilize gradualmente, seguindo a maturidade crescente e a adoção do mercado da tecnologia existente por trás de cada criptomoeda. Eventualmente, os especuladores e os que a utilizarem erroneamente se tornarão uma minoria significativa com pouco ou nenhum impacto na saúde da criptomoeda.

Inclusão de Novos Usuários

A maioria dos usuários não consegue lidar com um aumento na complexidade de uso, especialmente quando a tecnologia é heterogênea (o blockchain). As primeiras aplicações blockchain podem não apresentar a melhor experiência para os usuários, mas eventualmente o usuário pode nem saber que há um blockchain por trás.

Poucas Empresas com Casos de Sucesso

Onde estão as Amazons e eBays do blockchain? Essas empresas tornam-se referência e modelos arquetípicos porque são as primeiras provas de que você pode criar um negócio viável no blockchain. Precisaremos testemunhar a emergência dessas empresas e ver seu sucesso se materializar com a adoção do mercado.

Insuficiência de Indivíduos Qualificados

Demora para converter milhares de empregados em defensores experientes do blockchain. Uma massa crítica de apoiadores internos e especialistas também é necessária nas organizações, para que assim elas consigam abastecer uma variedade de experimentos com blockchains e criar soluções sozinhas, sem permissão, como com as aplicações web, e para que as ideias finalmente se tornem a segunda natureza da maioria das empresas.

Problemas de Custos

Não é caro começar a usar a tecnologia blockchain, porque a maioria é grátis via licenças de códigos abertos. No entanto, uma implementação completa trará custos adicionais, não diferentes dos custos de projetos e aplicações relacionados à tecnologia da informação. Alguns Chief Information Officers (CIOs) podem relutar em adicionar mais um custo a seus orçamentos apertados até que haja retorno em investimentos.

Dilema dos Inovadores

É difícil inovar em seu modelo de negócios, porque você tipicamente tentará ligar tudo a ele, resultando em uma visão curta e limitada do que é possível. Isso é especialmente verdade se seu negócio possui uma função relacionada à confiança (assim como uma financiadora). Intermediários atuais encontrarão as mudanças mais difíceis, porque o blockchain impacta na essência de suas proposições de valor. Eles precisarão ser criativos e ousar romper com eles mesmos para encaixar algumas capacidades do blockchain em suas ofertas e desenvolver novos elementos de valor criativamente. Eles precisarão perceber que é melhor atirar no próprio pé do que alguém atirar em sua cabeça. Não será uma transição fácil, porque mudar modelos de negócios pode ser difícil em grandes organizações devido a uma variedade de fatores.

BARREIRAS LEGAIS/REGULATÓRIAS

Em geral, regulamentadores e legisladores reagem de três maneiras diferentes ao enfrentar uma nova tecnologia:

1. Não fazem nada, e deixam o mercado evoluir e amadurecer por si mesmo.

2. Controlam os gargalos. Por exemplo, esses gargalos podem ser as trocas de criptomoeda ou fornecedores de software que precisarão de uma licença.

3. Inserem regulamentação automática na hora da transação, ou no caminho. Isso pode envolver abrir espaço para reportar dados de maneiras alternativas, uma válvula de escape de informações ou uma dedução direta em uma transação.

Regulamentações Pouco Claras

Enquanto a posição dos regulamentadores não está clara, a confusão e a incerteza continuarão existindo para todos os envolvidos no espaço do blockchain. Ele é uma tecnologia blockbuster que afeta muitas áreas, e é provável que diferentes tipos de regulamentação venham de diferentes direções. Essa pode ser a confusão. Assim como a internet floresceu sozinha no início, seria aconselhável fazer o mesmo com o blockchain até que ele amadureça um pouco mais.

A regulamentação eventualmente chegará aos blockchains, mas é melhor que chegue tarde. Uma mudança de paradigma fundamental com a qual os reguladores passarão aperto é que a confiança agora é mais aberta e "livre de controles centrais". A natureza da confiança está mudando, mas os regulamentadores estão acostumados a regulamentar os "fornecedores de confiança". Eles saberão se adaptar quando o fornecedor de confiança for um blockchain, ou um novo tipo de intermediário que não se encaixa no modelo anterior de regulamentação de gargalos centrais? Mais especificamente, o blockchain é descentralizado por padrão, então é mais difícil regulamentar entidades descentralizadas do que as centralizadas. Assim, precisaremos ver uma inovação nas regulamentações. Talvez os blockchains possam ser certificados, por exemplo.

É importante notar que ainda estamos regulando alguns aspectos dos carros depois de mais de cem anos que eles foram inventados, ao requisitar, por exemplo, que os faróis sejam acesos durante o dia, obrigar o uso do cinto de segurança, ou limitar os níveis de emissão de dióxido de carbono. Essas regulamentações certamente não faziam parte dos anos iniciais da indústria automobilística, mas foram pensadas depois de anos de observação e experiência. Imagine se os regulamentadores exigissem sensores de luz do sol automáticos ou airbags infláveis em 1910, dois anos depois da introdução do Ford T. Não somente essas necessidades não existiam, mas a tecnologia por trás dessas capacidades ainda não tinha sido inventada. A lição aqui é que nós não precisamos saber exatamente o que precisamos regular quando uma nova tecnologia está em sua infância.

Interferências Governamentais

Com relação ao Bitcoin principalmente, vários governos não se sentiram confortáveis com uma moeda que não foi apoiada por instituições de um país soberano. Alguns países e bancos centrais emitiram alertas oficiais contra o uso de Bitcoin durante seus anos iniciais, incluindo a Rússia, a China e a União Europeia. Blockchains não são Bitcoins, mas permitem a criação e distribuição de criptomoeda, assim como ativos de valor real. As operações dos blockchains continuarão a estar sujeitas aos escrutínios do governo até que políticos e legisladores sintam-se mais confortáveis com seu uso.

Os governos podem enviar sinais para o mercado, legisladores e agências de execução, que são tipicamente procuradores deles. Além disso, ações governamentais grosseiras correm o risco de causar danos à liderança do setor privado da tecnologia blockchain, que sabe-se que trará inovações. É claro que a regulamentação governamental pode ser aplicável à proteção do consumidor e a alguns outros níveis de padrões, mas a interferência logo no início não será de grande ajuda.

Requisitos de Compliance

O compliance é uma atividade importante, principalmente para fornecedores de serviços financeiros que gastam bilhões de dólares anualmente para se manter atualizados sobre as últimas leis e regulamentações.

Tanto a conformidade quanto a não conformidade são caras, atingindo as margens de lucro. Algumas áreas nas quais a conformidade poderia oferecer rupturas são:

- Aceitar criptomoedas apoiadas em token como valor real.
- Reconhecer a finalidade das transações que passaram por um blockchain.

- Permitir conexões legais necessárias para contratos inteligentes.
- Permitir validações da contraparte de peer-to-peer por meio do blockchain.

Excitação Momentânea

É difícil caracterizar ou concordar sobre o que se constitui como uma excitação de momento. Algumas vezes sua percepção é tão prejudicial quanto a excitação em si. Períodos excessivos de excitação são danosos à propagação da nova tecnologia, apesar de mercados quase sempre irem além das expectativas da excitação antes de voltarem à realidade, e então prosseguirem adequadamente. Uma forma muito comum de excitação geralmente surge de fornecedores de tecnologia que são muito zelosos em seus métodos de marketing.

Tributações e Demonstrativos

As primeiras plataformas blockchain eram focadas em transações, não em demonstrativos. No entanto, elas precisarão de capacidades de tributações e relatórios para que sua saída possa ser incluída em sistemas contábeis tradicionais. Haverá soluções direcionadas a este setor.

DESAFIOS COMPORTAMENTAIS/EDUCACIONAIS

Falta de Compreensão do Valor em Potencial

A falta de entendimento das capacidades básicas que rodeiam os blockchains deterá qualquer executivo na visão holística de seu valor em potencial. Esse desafio só será resolvido por meio de um esforço em aprender sobre o blockchain e suas capacidades. Esse foi meu ímpeto para escrever este livro.

Visão Executiva Limitada

Alguns executivos somente verão o que quiserem ver, seja porque não se dedicaram a entender o blockchain ou porque talvez tenham medo de aprender para evitar lidar com a possível ruptura em seus negócios. Demora um tempo para compreender as muitas possibilidades do blockchain. Os executivos que têm medo dele baixarão suas expectativas para que possam se encaixar em sua realidade, que geralmente é bastante restrita.

Gestão de Mudança

O blockchain é sobre a reengenharia do processo do negócio — pelo menos se você quiser colher benefícios fundamentais. Projetos rápidos ou fáceis podem não ter a profundidade de mudança requerida para conquistar novos ganhos. Em empresas grandes, é difícil mudar.

Confiança na Rede

Os céticos do blockchain podem pensar: já confiamos uns nos outros, e temos instituições centenárias que dão esse tipo de credibilidade, então por que precisamos inseri-lo na rede?

Confiar em uma rede de computadores que realizam computações matemáticas, em vez de em um parceiro "conhecido e leal", requer um novo paradigma de pensamento com o qual não estamos acostumados. Eventualmente enfrentaremos o fato de que *a confiança está na rede* — e é uma nova forma de segurança. Vamos nos lembrar que não confiávamos nos pagamentos online durante os primeiros anos da web (1994–1998); pelo menos os bancos não confiavam. Tivemos que passar por "portões de pagamentos", criados especialmente para realizar essa função de confiança enquanto a dissociavam dos sistemas bancários, que não queriam tocar em tecnologias não confiáveis. Logo o pagamento na web com cartão de crédito se tornou aceito, e os usuários da web de hoje provavelmente não se lembram desses dias de trepidação e medo, apesar de a semelhança com a confiança no blockchain ser muito familiar.

Apesar de inicialmente nos preocuparmos desnecessariamente com a disponibilidade dos blockchains como uma rede de expedição de serviços de confiança, eles eventualmente serão parte do cotidiano, como o acesso à internet na maior parte do mundo.

Poucas Boas Práticas

Dada a escassez de experiência de implementação do blockchain, as práticas reais são poucas. Seguindo o furor inicial na descoberta de casos de uso, o compartilhamento de melhores práticas e o benchmarking serão as próximas atividades populares.

Fator de Baixa Usabilidade

A usabilidade original do Bitcoin não foi muito boa, conforme refletido nas dúzias de aplicações de carteira que surgiram desde 2010. Trocas de criptomoeda hospedada na web forneceram uma interface de usuário mais fácil, com um layout parecido com o do banco online. Apesar de terem sido criticadas por uma falta de descentralização, elas ofereceram uma facilidade de uso desejável que estimulou a adoção pelo usuário.

A próxima geração de aplicações baseadas em blockchain virá em dois formatos: ou serão aplicações descentralizadas (como o OpenBazaar), ou parecerão com aplicações web com uma descentralização no back-end. Em ambos os casos, sua usabilidade estará ligada à função específica a que estão almejando. Por exemplo, será uma aplicação de troca financeira, ou uma aplicação de registro de terras, e o blockchain fará seu trabalho sem ser completamente visível aos usuários, exceto para permitir que eles recebam os benefícios.

PRINCIPAIS IDEIAS DO CAPÍTULO TRÊS

1. A lista de desafios diante do blockchain é longa, mas não é muito diferente da situação da internet em 1997, quando derrubamos todas as barreiras uma a uma, enquanto algumas delas desapareceram sozinhas.

2. Há desafios técnicos, de negócios/mercado, legais/regulatórios e comportamentais/educacionais na evolução do blockchain.

3. Alguns dos desafios mais importantes incluem a escalabilidade (técnica), inovação (negócios), confiar em uma rede (comportamental) e a regulamentação moderna (legal).

4. Assim como continuamos a escalar a internet depois de 30 anos de sua invenção, continuaremos resolvendo e atualizando as necessidades de escalabilidade do blockchain.

5. Assim como continuamos a atualizar as regulamentações de segurança automobilística de maneiras imprevistas no momento da invenção, continuaremos a atualizar os requisitos regulatórios do blockchain ao longo de sua evolução.

BLOCKCHAIN PARA NEGÓCIOS [87]

NOTAS

1. Um termo popularizado no livro de Clayton Christensen (*O Dilema da Inovação*), sugerindo que empresas de sucesso podem enfatizar muito as necessidades reais do consumidor, mas falham na adoção de novas tecnologias ou modelos de negócios. Disponível em: <https:// en.wikipedia.org/wiki/The_Innovator%27s_Dilemma. List of U.S. executive branch czars, https://en.wikipedia.org/wiki/ List_ of_U.S._executive_branch_czars> (conteúdo em inglês).

2. Fonte: pesquisa de campo do autor. Abril de 2016.

3. Java. Disponível em: <https://en.wikipedia.org/wiki/ Java_%28programming_language%29> (conteúdo em inglês).

4. IDC Study. Disponível em: <https://www.infoq.com/news/2014/01/ IDC-software-developers> (conteúdo em inglês).

5. Essas são linguagens de programação populares.

6. <https://cryptoconsortium.org/> (conteúdo em inglês).

BLOCKCHAIN EM SERVIÇOS FINANCEIROS

"A pior maneira de se desenvolver um novo modelo de negócios é a partir de um modelo já existente."

— CLAYTON CHRISTENSEN

INSTITUIÇÕES DE SERVIÇOS FINANCEIROS serão desafiadas pelo quanto elas estão dispostas a mudar seus modelos de negócios para acomodar o peso do blockchain. A posição padrão será simplesmente abrir um pouquinho a porta, esperando que o máximo de benefícios entre por ela com a menor abertura possível. Os desafiantes (em sua maioria startups) tentarão arrombar a porta, esperando tirar seu equilíbrio.

Muito da inovação tecnológica do blockchain em serviços financeiros é dirigido por startups. Porém, as instituições financeiras, como qualquer outra indústria, podem inovar aplicando aquela tecnologia. Startups são vistas pelos bancos como um monstro estranho. Elas primeiro serão examinadas de perto, mas benefícios não acontecem por simbiose. Na verdade, grandes organizações estão longe das startups. Seu interesse inicial é como visitar animais no zoológico. O teste decisivo é trazer a tecnologia para casa para ver se sobreviverá à domesticação.

Qualquer grande corporação será desafiada ao enfrentar grandes quantidades de inovações externas que ultrapassem sua habilidade interna de absorvê-las ou usurpá-las.

As atividades industriais vêm de duas direções. Por um lado, startups e produtos de tecnologia e empresas de serviços estão entrando no mercado. Por outro, as organizações começarão a estudar o mercado e gerar uma longa lista de casos de uso e áreas-alvo. O desafio será combinar os métodos técnicos de negócios com cases, projetos e iniciativas.

Os bancos precisarão colocar a mão na massa e aprender as novas tecnologias rapidamente. Eles também precisarão colocar a cabeça para funcionar e testar novas ideias, mesmo que se arrisquem ao fracasso. Quanto mais experiência eles adquirirem logo no início, mais rápido eles conseguirão progredir a partir de seu trabalho inicial para projetos inovadores.

Este capítulo não prescreve soluções específicas para organizações específicas. Pelo contrário, ele apresenta como as organizações financeiras podem pensar sobre o blockchain. Como pensar sobre ele é importante, porque permite que você descubra suas próprias estratégias. Afinal de contas, você conhece seu negócio melhor do que ninguém.

ATACADAS PELA INTERNET E FINTECH

Para entender como o blockchain afetará instituições de serviços financeiros, devemos voltar à história recente com a internet e também dar uma olhada no advento de empresas FinTech, que ofereceram serviços competitivos ao utilizar a abordagem de produtos tecnológicos.

Os bancos dependem da tecnologia da informação (TI) desde a introdução dos computadores, no final dos anos 1950, mas o termo FinTech se popularizou apenas lá pelo ano de 2013. É irônico que a tecnologia sempre tenha sido um elemento importante nas operações bancárias, apesar de podermos dizer que os bancos não inovaram muito com a internet. Tradicionalmente, o foco da TI nos bancos era orientado por operações de back-end (incluindo contas e transações de clientes), dando suporte a funções ligadas ao cliente, fazendo a ligação de máquinas automatizadas, processando pagamentos de pontos de venda, estando mundialmente interconectado com seus parceiros ou redes interbancárias, e entregando uma variedade de produtos financeiros, indo de simples empréstimos a instrumentos de troca sofisticados.

Em 1994, surgiu a web, e com ela o potencial de oferecer uma entrada alternativa para qualquer serviço. Entretanto, a maioria dos bancos demorou para inovar, pois estavam acostumados a fornecer serviços em seus bancos físicos ou por relações de negócios um a um. Eles não viram a web como uma catalisadora de mudança, então adaptaram a web ao ritmo deles e de acordo com suas suposições limitadas. Em 2016, mais de 20 anos depois da comercialização da web, podemos dizer que os bancos só ofereceram o internet banking (com acesso móvel posterior), corretagem online e pagamentos de conta online. A realidade é que os clientes não vão ao banco com frequência (ou nunca) e não estão mais botando a mão na massa para pagar as contas. Enquanto isso, o crescimento das FinTechs está acontecendo; foi uma resposta à falta de inovação radical por parte dos bancos.

O PayPal foi a quintessência de rompimento nos pagamentos. Milhares de empresas FinTech seguiram seu caminho e começaram a oferecer soluções de serviços financeiros alternativas. Com 179 milhões de usuários ativos e 282 bilhões de dólares no volume de pagamentos totais no fim de 2015, o PayPal era uma "plataforma realmente mundial, disponível em mais de 200 mercados, permitindo que os clientes recebessem pagamentos em mais de 100 moedas, sacassem fundos de seu banco em 57 moedas e tivessem saldos em suas contas PayPal em 26 moedas".[1]

O PayPal tem relacionamento direto com centenas de bancos locais ao redor do mundo, fazendo com que seja o único fornecedor global de serviços financeiros que virtualmente não tem limites. O sucesso do PayPal teve implicações fundamentais: demonstrou que empresas de serviços financeiros alternativas eram viáveis, precisando apenas construir pontes e rampas com instituições bancárias. Como uma nota, em 2014, o ApplePay pegou uma página do PayPal e se inseriu mais uma vez entre os bancos e seus consumidores, ao sequestrar os momentos de ponto de venda por celulares multipropósitos. Se você conversar com qualquer banqueiro no mundo, eles admitirão que o ApplePay e o PayPal são exemplos de competição que simplesmente comem pelas beiradas, e que não puderam prevenir sua investida.

Em 2015, mais de 19 bilhões de dólares em fundos foram investidos em startups FinTech.[2] Muitos deles focaram algumas áreas populares: empréstimos, gerenciamento de finanças e pagamentos. Algumas startups chegaram a oferecer serviços bancários exclusivamente por mobile, uma proposta atraente para as novas gerações. Isso prova que uma nova forma de banco pode ser inventada do zero, sem um legado.

O interessante é que as startups FinTech não atacaram de cara, sabendo que é arriscado e caro. Em vez disso, suas entradas ocorreram em territórios adjacentes, controversos, negligenciados ou desmerecidos; parecia que estavam evitando os incumbentes. Startups começam pequenas e parecem inofensivas. Elas são ignoradas, até que de repente se tornam significativas e irrefreáveis.

Esse pano de fundo é importante. O blockchain pode seguir a mesma trajetória da FinTech, transformando empresas iniciantes em empresas sólidas. Algumas startups de blockchain já estão mostrando pontos de ataque no mercado de serviços financeiros, oferecendo soluções, enquanto outras estão em um processo cooperativo para fertilizar tipos de infraestrutura compartilhada ou soluções de serviços. Outras estão sonhando com o impossível ao ignorar os operadores tradicionais e oferecer novas soluções para um novo mercado.

Os que não aprenderem com a história estão condenados a repeti-la. Se os bancos não se adaptaram mais radicalmente do que fizeram com a internet, eles sofrerão as consequências. Se a FinTech tinha o objetivo de desafiar sistemas de pagamento bancários, o blockchain promete não somente continuar desagregando os bancos, mas parece querer romper uma gama de processos interinstitucionais tradicionais, da fronteira a agentes de liquidação.

Para instituições financeiras, o futuro das tecnologias blockchain começará com dois caminhos paralelos. É a história das boas e más notícias. No lado das más, algumas startups irão atrás de seus negócios no estilo FinTech. Mas a boa notícia é que a tecnologia blockchain é ótima para simplificar muitas das operações bancárias.

Se você for otimista, há um terceiro resultado. Os bancos e toda a indústria de serviços financeiros devem decidir realmente reinventar a si mesmos. No caso desse difícil cenário, haverá ganhadores e perdedores, e partes do segmento geral diminuirão — mas poderiam emergir mais fortes a longo prazo.

Os blockchains não sinalizarão o fim dos bancos, mas a inovação deve permeá-los mais rápido do que a internet em 1995–2000. Os primeiros anos do blockchain são formativos e importantes porque são terreno de treinamento para essa nova tecnologia, e quem quer que tenha treinado bem vencerá. Os fortes não morrerão. Os bancos não deveriam ver o blockchain apenas como uma economia. Deve-se encontrar novas oportunidades que podem se tornar seu ponto mais alto.

POR QUE NÃO PODE HAVER UM BANCO MUNDIAL?

Para um cético, essa pode parecer uma pergunta retórica, dado que o Bitcoin estava destinado a ser o nervo subjacente para um novo tipo de sistema financeiro mundial sem fronteira. A visão do Bitcoin é a de uma rede monetária mundial descentralizada com usuários em suas bordas.

Deveríamos fazer a pergunta: se o Bitcoin é global e universal, por que não há um banco Bitcoin verdadeiramente mundial?

Essa é uma pergunta complicada, porque a filosofia do Bitcoin é sobre a descentralização, enquanto que um banco é completamente feito de relações centralmente gerenciadas. No entanto, um banco global sem restrições em limites ou operações seria interessante para usuários que querem conduzir transações mundiais onde quer que estejam, com a facilidade de um cartão de crédito.

Mas eis as notícias tristes: esse banco mundial fictício nunca existirá, porque gargalos regulatórios locais são muitos e reais. Nenhuma startup ou banco existente tem o incentivo ou desejo de se tornar o "ultra" banco. O gargalo que o Uber (o serviço de motorista compartilhado) enfrentou com os cartéis de táxi mundiais não pareceria nada em comparação com as complexidades e intricamentos das barreiras regulatórias, de conformidade e legais intrínsecas a cada sistema financeiro local ao redor do mundo.

Você sabe por que o HSBC não é o banco líder mundial, apesar de estar em 72 países? Você sabe por que o Coinbase não é realmente o líder "mundial" de troca Bitcoin, apesar de ser o maior e o único disponível em 27 países?

Há uma resposta em comum: restrições regulatórias. Isso significa que as capacidades de sua conta estão confinadas ao país a que pertence, assim como uma conta em um banco tradicional. Como um usuário, você não se sente sendo global. HSBC e Coinbase podem ser empresas mundiais, mas seus consumidores não têm os privilégios de serviços sem fronteira.

Com sorte, em um mundo Bitcoin puro, esse banco em potencial é *você*, se você estiver armado com uma carteira de criptomoeda. Uma carteira de criptomoeda local contorna algumas das legalidades a que bancos existentes e instituições parecidas com bancos (trocas de criptomoeda) precisam aderir, mas sem infringir nenhuma lei. Você pode "levar" seu banco para onde quer que viaje, e, contanto que sua carteira tenha rampas e pontes locais para o mundo terrestre, da não criptomoeda, então você terá uma versão do banco mundial em seu bolso.

Esse pano de fundo sobre a evolução da troca de criptomoeda baseada no consumidor é importante porque demonstra que podemos atingir uma nova forma de conexão com o próprio blockchain, conseguindo algo como o SWIFT.[3] As cerca de 50 casas de câmbio de criptomoeda que existem em várias partes do mundo não estão conectadas, a não ser pelo blockchain. Essa é uma confirmação significativa de que o blockchain é uma rede mundial que não conhece barreiras. Mesmo que os bancos desdenhem do Bitcoin e dos blockchains, eles deveriam ver essas capacidades como uma demonstração do que é possível se você permitir que um blockchain se torne uma rede mundial.

Poderia-se dizer que a rede de criptomoeda (viabilizada pelo blockchain) será mais importante do que a moeda. Novas redes descentralizadas também permitem a comercialização de qualquer ativo digital, instrumento financeiro ou ativo do mundo real ligado a um token de criptomoeda (um proxy de ligação com o blockchain). Seja usando uma carteira ou um tipo de conta de corretagem, os usuários já têm acesso a várias ações familiares que conduzimos com dinheiro: compra, venda, pagamento, recebimento, transferência, economia e empréstimo. Incidentalmente, o PayPal oferece as mesmas funções.

Talvez um dia possamos nos tornar nosso próprio banco virtual. Carteiras de criptomoeda avançadas poderiam tornar-se para as redes de criptofinanças o que o navegador foi para a World Wide Web e ser essas novas portas para transações monetárias. Esperamos que reguladores possam evoluir com a tecnologia sem uma abordagem restritiva, contanto que os usuários não a utilizem mal, paguem seus impostos e não conduzam atividades ilegais.

Chegar a um status de banco mundial não é fácil. Há um lembrete histórico de que ser um banco online não é suficiente para produzir um banco mundial. Houve várias tentativas, de 1995 a

2000, para formar um único banco na internet,[4] começando com o Security First Network Bank (SFNB), o primeiro banco mundial da internet, mas todas as tentativas estavam confinadas às juridições nas quais foram criadas. SFNB, CompuBank, Net.B@nk, Netbank AG, Wingspan, E-LOAN, Bank One, VirtualBank e outros são exemplos, mas não sobreviveram ao rompante ponto-com de 2000.

A nova safra de startups de bancos e serviços financeiros apenas online/por mobile, tais como Atom, Tandem, Mondo, Zen-Banx, GoBank, Moven e Number 26, oferece uma nova geração de serviços que desafiam os bancos tradicionais. Mas se algum deles pretende ser global, ainda precisa derrubar as barreiras de regulamentações financeiras locais.

Se você fosse da geração Y hoje, você não pensaria duas vezes sobre não usar um banco tradicional, porque a maioria dos serviços pelos quais você se atrai é oferecida por empresas alternativas de serviços financeiros, principalmente por causa das startups de FinTech inovadoras que surgiram na última década. Um "conjunto de serviços financeiros da geração Y" típico inclui um conjunto de serviços FinTech e apenas os produtos mais inovadores dos bancos tradicionais.[5]

Tipicamente, usamos as redes de banco tradicionais para transferir qualquer tipo de dinheiro. Vejo um futuro no qual usaremos uma infraestrutura blockchain para transferir qualquer dinheiro, incluindo criptomoeda e moeda comum. Isso significa que o dinheiro tradicional pode estar se transformando em carteiras de criptomoeda e contas de corretagem mais rapidamente do que a criptomoeda sendo aceita em contas de banco online tradicionais.

BANCOS COMO BACK-ENDS

Um cenário futuro provável para bancos é que sejam back-ends, ou uma janela lateral, pois faremos a transição e moveremos dinheiro externamente por meio de celulares, aplicações, contas de criptomoeda ou diretamente de serviços web. Apesar de um banco ou casa de câmbio verdadeiramente mundial não acontecer em breve, as sensações e comportamentos de um banco global são necessários.

Nesse esquema, os bancos se tornam marginais, mas não serão vias expressas.

Quanto mais ligamos nossas contas bancárias a aplicações e serviços externos, mais percebemos que estamos vivendo em um mundo de banco descentralizado. A tendência começou, e é mais anedótica porque está acontecendo frequentemente e com um impacto crescente.

Veja alguns exemplos:

- Se você realizar um evento pago e coletar valores dos participantes, você pode conectar o processo de pagamento deste evento com sua conta bancária para receber rapidamente. Por exemplo, isso é possível ligando o Eventbrite pelo PayPal (o processador de pagamentos) à sua conta.

- Se sua conta de criptomoeda estiver conectada a sua conta bancária, você poderá mover dinheiro pelo mundo em menos de dez minutos pagando centavos de taxas, e então você (ou o beneficiário) pode transferir o dinheiro para uma conta bancária. A maioria das trocas fornece múltiplas maneiras de depositar ou sacar dinheiro, incluindo transferências, promissórias, ordens de pagamento, Western Union, cheques, cartão de débito, Visa, PayPal ou Virtual Visa, e muitas delas gratuitamente. Algumas delas inclusive oferecem serviços de troca de moeda estrangeira em tempo real entre uma variedade de criptomoedas e moedas populares, tais como o dólar americano, o dólar canadense, o euro, a libra e o yen japonês. Já há mais capacidades do que o usuário de um banco comum pode conseguir ao ir ao banco.

BLOCKCHAIN PARA NEGÓCIOS [97]

- Se você iniciou uma campanha de crowdfunding (como no Kickstarter), você também precisa conectá-la à sua conta bancária. Ao completar uma campanha de sucesso, seus ganhos são automaticamente depositados naquela conta.

- Quando você conecta sua conta do ApplePay para pagar por itens em segundos, o dinheiro na verdade vem direto de uma das suas contas bancárias ou do cartão de crédito.

- Quando você usa o Uber, ele automaticamente faz uma requisição ao seu cartão de crédito.

- Uma conta Venmo, que permite que você receba dinheiro instantaneamente de um amigo, também possibilita que você coloque o saldo de volta em sua conta (e vice-versa).

Esses exemplos são poucos, mas significativos. O ponto e a realidade de todas essas situações é que nós, enquanto consumidores, estamos fazendo coisas mais interessantes com esses novos serviços do que conseguimos diretamente com nossas contas bancárias. Mais importante, os bancos sozinhos não permitiriam que conseguíssemos o que essas conexões nos permitem, e é por isso que temos que passar por novos intermediários. Esses novos serviços estão nos libertando das características restritivas de uma conta bancária tradicional.

Os varejistas sentiram o gostinho dessa separação por um tempo, com seus terminais de pontos de venda que pegavam dinheiro do consumidor e depositavam automaticamente em suas contas bancárias. Essa foi a versão deles de serviços conectados, mas agora eles abrangem mais consumidores.

Concomitantemente, o pêndulo está oscilando entre conexões locais e globais. Tradicionalmente, os bancos possuíam âncoras locais, porque foi assim que começaram. Então construíram conexões globais entre eles a um alto custo e esforço, por meio de redes que são relativamente caras para manter. Mas com o advento do Bitcoin e dos blockchains enquanto trilhos mundiais, já temos redes globais poderosas presentes além das fronteiras, e agora estamos complementando o alcance dessas novas redes ao adicionar âncoras e usuários locais por meio de sua conta bancária. De repente sua conta bancária não parecerá com nada além de um nó na nuvem mundial de redes financeiras.

Operar forte e localmente matou a habilidade do banco de se unir a uma web global de serviços financeiros mais aberta — exceto por meio de rampas de acesso e saída — e que não funciona mais como uma rodovia monetária. Os bancos correm o risco de ficar do outro lado se permitirem mais entradas e saídas no mundo da criptomoeda. De outra maneira, eles se tornarão ilhas.

Apesar de a regulamentação oferecer alguns benefícios de proteção pessoal aos consumidores, as reações de regulamentação naturais continuam a levantar barreiras para entradas locais (por razões de competitividade), o que faz com que os usuários sejam empurrados para serviços mais globais e livres, porque o jogo agora acontece por meio dos interstícios da web.

A descentralização do banco existe, só não foi distribuída ainda.

BLOCKCHAIN NAS REGULAMENTAÇÕES VERSUS INOVAÇÃO SEM PERMISSÃO

A distinção entre os blockchains sem permissão (públicos e abertos para todos) e os blockchains com permissão (de configuração privada e acesso somente com convite) está correlacionada com o grau de inovação que segue.

O estado padrão e inicial da inovação é ser sem permissão. Consequentemente, os blockchains privados e com permissão terão um potencial de inovação silenciado. Ao menos no sentido da palavra, e não por razões técnicas, mas regulatórias, porque esses dois aspectos estão interconectados.

Estamos vendo o primeiro caso no setor de serviços financeiros que parece estar abraçando o blockchain completamente; mas está fazendo isso de acordo com sua própria interpretação dele, que é torná-lo vivo nos gargalos regulatórios com os quais deve viver. O que eles estão realmente falando é de "aplicar inovação", e não criá-la. Portanto, o resultado final será uma versão reduzida da inovação.

Isso é um fato, e chamo essa situação de "Dilema de Ser Regulamentado", um trocadilho com o dilema da inovação. Como este último, empresas regulamentadas têm dificuldade de se desprender das regulamentações atuais com as quais devem operar. Então, quando veem a tecnologia, tudo o que podem fazer é implementá-la na zona de satisfação dos regulamentadores. Apesar dos prognósticos revolucionários do blockchain, os bancos não podem se sobrepujar, então eles arriscam apenas guiar o blockchain para viver em seu mundo regulamentado, fechado.

POTENCIAL DE INOVAÇÃO PARA O BLOCKCHAIN

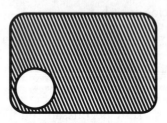
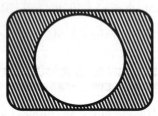

AMBIENTES REGULADOS

AMBIENTES NÃO REGULADOS

É muito mais fácil começar a inovação fora das caixas de regulamentação, tanto figurativa quanto explicitamente. Poucos bancos farão isso, porque é mais difícil.

Simon Taylor, chefe do grupo de inovação da Barclays, resume: "Eu não discordo que os melhores casos de uso virão de fora dos serviços financeiros regulamentados. Assim como os melhores usuários de nuvem e big data não são as empresas incumbentes de primeiro nível. Ainda assim a curiosidade delas é valorosa para fundar e impulsionar o espaço todo". Eu concordo completamente, há a esperança de que alguns bancos contribuirão para o potencial de inovação do blockchain de maneiras significativas conforme amadurecem sua compreensão e experiências com essa nova tecnologia.

Uma nota final para os bancos é que uma inovação radical pode ser uma vantagem competitiva, mas somente se for vista dessa maneira. Caso contrário, a inovação será diminuída para se encaixar na realidade deles, que geralmente é bem restrita.

Seria útil ver os bancos obtendo sucesso com o blockchain, mas eles precisam se esforçar mais em termos de entender o que ele pode fazer. Eles precisam descobrir como prestar melhores serviços a consumidores e a eles mesmos. Os bancos deveriam inovar mais ao imaginar casos de uso nos quais ainda não pensamos, preferivelmente na categoria não óbvia.

CENÁRIO DAS EMPRESAS BLOCKCHAIN EM SERVIÇOS FINANCEIROS

No fim de 2015, publiquei uma visão detalhada de empresas blockchain em serviços financeiros[6] e computei 268 iniciativas em 27 categorias. Em seguida, fiz uma análise do setor lançando outro conjunto de slides,[7] que uniu 175 mil visualizações no Slideshare em um mês de publicação.

O horizonte das empresas blockchain que estão almejando serviços financeiros pode ser dividido em três setores.

- Infraestrutura e Protocolos Básicos
- Middleware e Serviços
- Aplicações e Soluções

A tabela a seguir detalha os vários participantes e as forças do mercado em jogo.

APLICAÇÕES E SOLUÇÕES	
• Serviços de corretagem • Trocas de criptomoeda • Carteiras digitais • Carteiras de hardware • Serviços de comércio e varejo • Fornecedores de dados financeiros • Soluções de trocas financeiras • Identidade e compliance • Integrações de pagamento	• Plataformas de negociação • Folha de pagamento • Seguro • Investimentos • Empréstimos • Serviços monetários globais/locais • Soluções para mercado de capital • Caixa eletrônico

MIDDLEWARE E SERVIÇOS	
• Fornecedores de serviços de tecnologia • Plataformas blockchain • Desenvolvimento de software	• APIs de propósitos gerais • APIs de propósitos especiais • Ferramentas de contratos inteligentes

INFRAESTRUTURA E PROTOCOLOS BÁSICOS	
• Blockchains de consenso público • Blockchains de consenso privado	• Infraestrutura de microtransações • Mineradores

APLICAÇÕES BLOCKCHAIN EM SERVIÇOS FINANCEIROS

Do ponto de vista da implementação interna, a evolução do blockchain nos Serviços Financeiros acontecerá de acordo com uma segmentação progressiva de áreas de aplicação principais.

- Consumidor frente aos produtos
- Serviços B2B
- Mercados de troca e capital

- Processos de back-end
- Serviços de intermediação das indústrias

O quadro a seguir ilustra como essas categorias podem se desdobrar em um diagrama cada vez mais complexo de implementação.

BLOCKCHAIN EM SERVIÇOS FINANCEIROS

Dúzias de Atores

Transferências Internacionais de Redes de Liquidação

Intermediários da Interindústria

Centenas de Processos

TI & Reengenharia de Negócios para apoiar essas mudanças

Processos Back-end

Milhares de Casos de Uso

Mercado de Troca e Capital

Securitização & Instrumentos
Empréstimos Sindicados
Acerto de Contas
Propriedades de Ativos
Venda de Titulos
Recibos Digitais

Milhões de Negócios

Serviços B2B

Seguro
Pagamentos
Créditos
Garantia

Bilhões de Usuários

Lidar com o Consumidor

Hipotecas
Identidades Digitais
Carteiras
Trocas
Transferências & Pagamentos Simples

Linha do tempo da evolução cada vez mais complexa

É importante destacar algumas abordagens práticas que estão começando a emergir e apontam para o futuro:

- Em novembro de 2015, a ConsenSys demonstrou um contrato financeiro de duas partes de Permuta de Retorno Total, que usou identidade, reputação e componentes de registros gerais, e rodou na plataforma em nuvem Microsoft Azure.

- Em fevereiro de 2016, a Clearmatics anunciou que estava desenvolvendo uma nova plataforma de liquidação de derivativos a que chamou de Rede de Liquidação Descentralizada (DCN, do inglês *Decentralized Clearing Network*). Ela permite a um consórcio de membros de agências de liquidação automatizar avaliação de contratos, definir margens de transação e fechar operações sem uma contraparte liquidadora ou intermediação de terceiros.[8]

- Em março de 2016, 40 dos maiores bancos mundiais demonstraram um sistema teste para operar renda fixa usando cinco tecnologias blockchain diferentes (como parte do consórcio R3 CEV).

- Em março de 2016, a Cambridge Blockchain projetou um processo de transação que incluiu uma validação de contrapartes no blockchain e um fluxo de trabalho automatizado que viabilizava a manutenção da privacidade dos usuários enquanto revelavam seletivamente atributos de suas identidades, requisitados para permitir autenticação e exigências de compliance.

O que há em comum nos casos citados é que as transações foram feitas do começo ao fim em uma base peer-to-peer, sem intermediários centrais ou financeiros. As contrapartes não precisavam conhecer umas às outras nem ter um terceiro para intermediar a transação. A finalidade da descentralização e da transação peer-to-peer é a inovação-chave do blockchain, que deve ser preservada para maximizar o potencial de impacto da sua implementação. Genericamente, a identidade e a reputação das contrapartes são verificadas automaticamente no blockchain por endereços de carteiras ou atestados AML/KYC (Antilavagem de Dinheiro/Know Your Client) ou requisitos de garantia. Então os termos da transação são inseridos em um contrato inteligente e publicados no blockchain, enquanto armazenam acordos regulatórios associados (por exemplo, uma Associação Internacional de Permuta e Derivativos — ISDA) em um protocolo de distribuição de arquivo de peer-to-peer (por exemplo, no sistema de arquivos InterPlanetary). O último passo de registro poderia ser colocado em um banco de dados padrão com requisitos de conformidade, apesar de o grau de pureza P2P diminuir se os bancos de dados centralizados forem utilizados.

Há muitas aplicações nas quais um blockchain ou uma solução de registro de consenso distribuído fará sentido. Correndo o risco de não nomear todos eles, estes são os maiores segmentos afetados:

- Bonds
- Swaps
- Derivativos
- Commodities
- Securitizações registradas/não registradas
- Mercados abertos
- Gerenciamento de garantias
- Empréstimos sindicados
- Recibos de almoxarifado
- Mercado de recompra

QUESTÕES ESTRATÉGICAS PARA SERVIÇOS FINANCEIROS

Tema 1: Blockchains Tocam a Essência dos Bancos, Eles Podem Reagir?

No Capítulo 2, introduzimos a palavra *ATOMIC* como uma maneira de lembrar o aspecto de programabilidade dos blockchains em cinco áreas inter-relacionadas: *Assets (Ativos), Trust (Confiança), Ownership (Propriedade), Money (Dinheiro), Identity (Identidade), Contracts (Contratos)*. Adicione a esses conceitos o fato de o blockchain ser sobre *descentralização, desintermediação* e *registros distribuídos*, e você perceberá rapidamente que essas áreas são parte da essência dos bancos. Quando uma única tecnologia toca quase todas as partes essenciais de seu modelo de negócios, você precisa prestar atenção, pois será um encontro desafiador. Os bancos precisarão pensar muito para desenvolver planos e posições comparáveis aos parâmetros de grandes blockchains. Eles não podem ignorar o que acontece quando sua essência está sendo ameaçada.

Tema 2: Siga, Lidere ou Salte Etapas

As instituições de serviços financeiros podem seguir três direções estratégicas. Elas devem escolher estas direções.

1. **Seguir.** Ao participar de consórcios, grupos padrões ou até mesmo projetos de código aberto, as instituições financeiras podem colher os benefícios de uma abordagem colaborativa para entender onde o blockchain pode colaborar. Alguns desses esforços podem levar a uma melhora nas relações interbancárias, enquanto outros vão expor membros a tecnologias utilizáveis e melhores práticas que podem ser importadas na organização.

2. **Liderar.** Isso é como liderar internamente um número de iniciativas nas quais você descobre e implementa o que o blockchain pode simplificar em várias partes de seu negó-

cio. É aí que as capacidades internas devem ser construídas proativamente, seja internamente ou com ajuda externa.

3. *Saltar Etapas.* Esta pode ser a fase mais difícil para iniciar, porque focará o pensamento fora dos limites de modelos de negócios e em novos territórios de inovação. Há uma distinção-chave relacionada ao resultado entre essa direção e a anterior: saltar etapas deveria gerar novas receitas em novas áreas, enquanto as duas anteriores mais provavelmente serão orientadas em direção às economia ou às operações simplificadas.

Tema 3: Regulamentações, Regulamentações & Regulamentações

A variedade de autoridades regulatórias de serviços financeiros ao redor do mundo rivaliza com o número de sabores de sorvete. Existem mais de 200 reguladores em 150 países, e muitos deles estão observando o blockchain e pensando em atualizações regulatórias.

Imagine se cada um deles começasse sua própria regulamentação, sem coordenação ou sem consideração para a completa implicação de tais políticas. Isso não somente criaria uma bagunça, mas a indústria da tecnologia blockchain poderia potencialmente morrer, como reflexo de uma grande confusão.

O Comissário da Commodity Futures Trading Commission dos Estados Unidos (CFTC), J. Christopher Giancarlo, sublinhou exatamente esse ponto em um discurso em março de 2016, em uma conferência organizada pela The Depository Trust & Clearing Corporation (DTCC). Ele disse:

"Ainda assim, esse investimento enfrenta o perigo de que, quando a regulamentação chegar, virá de uma dúzia de direções diferentes, com restrições diferentes, sufocando o desenvolvimento técnico antes de alcançar a fruição."

Quando a internet chegou, o governo e os legisladores foram espertos o suficiente para não regulamentá-la logo, e isso contribuiu para seu crescimento. A realidade para as instituições financeiras é, mais uma vez, depender da piedade dos regulamentadores sobre o blockchain.

Os bancos estão entre a cruz e a espada: o blockchain é mundial, mas as regulamentações os forçaram a focar em sanar necessidades locais. As regulamentações os protegeram, mas também podem machucá-los (se não evoluírem).

Tema 4: Legalizando Transações Blockchain

No coração de conseguir uma adoção generalizada para interações de negócios baseados em blockchain, transações processadas por um blockchain precisarão ser reconhecidas como juridicamente aceitáveis nos requisitos de compliance. Isso pode envolver revisitar as regras de registro ou de compliance, garantindo que as novas regulamentações não impeçam que as instituições usem os blockchains para realizar essas transações, ou ao menos permitindo que experimentem essa tecnologia para continuar mostrando novas capacidades e aprender onde podem chegar.

Uma pergunta cética pode ser: se a confiança é a viabilizadora-chave do blockchain, e os bancos já confiam uns nos outros, por que precisamos de uma "rede de confiança"? A resposta está no fato de que, quando examinamos o custo desse sistema de confiança, percebemos que ele ficou excessivo. Em parte por causa das regulamentações, em parte por causa das complexas integrações necessárias entre os sistemas proprietários para cada instituição de serviços financeiros. Adicione a isso as perdas indiretas resultantes dos atrasos nos acordos, e você fica com uma alta margem de custo.

Tema 5: Os Bancos Querem uma Rede Interbancária Melhor?

Cada banco tem seus próprios sistemas de proprietários, e eles são necessários para usar as redes privadas que possuem ou controlam para mover dinheiro em sua posse. É sabido que as regulamentações e os intermediários multipartes são as principais razões para que os acordos interbancários demorem dias para ser liquidados.

Em virtude de uma visão poderosa de registros centralizados, o blockchain está questionando se os bancos podem continuar dependendo de sistemas de propriedade ligados uns aos outros. Os prognósticos de um rastro auditável mais homogêneo e transversal de transações globais poderiam oferecer ideias únicas e menores riscos. Em uma correspondência, Juan Llanos, certificado em AML e especialista em riscos em FinTech e criptografia, me disse:

"O paradigma AML de hoje está baseado em consumidores por causa do monitoramento da transação diligente e leve (intraempresa). A tecnologia blockchain possibilita uma análise transacional que não era possível antes. Na era pré-blockchain, as instituições financeiras regulamentadas podiam realizar apenas análises transacionais intraempresa, e tinham que compartilhar informações por métodos analógicos ou documentais. A análise da rede possível com as indústrias blockchain ultrapassava as fronteiras de jurisdição. Há uma oportunidade para reduzir requisitos de KYC (além de fomentar inclusão financeira) para o comportamento transparente concedido pelo blockchain."

A questão principal é se as autoridades que reforçam a lei e os regulamentadores conseguem abraçar a mudança de paradigma. A longo prazo, uma grande parte da conformidade poderia se mover para a inteligência, porque a rede de blockchain oferece mais transparência e visão analítica.

Tema 6: Os Bancos Conseguem se Redefinir ou Vão Melhorar Apenas um Pouco?

Eis um resumo do dilema. Os bancos não querem mudar o modo como funcionam. As startups querem mudar os bancos. Os blockchains querem mudar o mundo.

Os bancos terão que decidir se verão o blockchain como uma série de Band-Aids ou se estão dispostos a encontrar novas oportunidades. É por isso que venho defendendo que eles deveriam adotar (ou comprar) as novas trocas de criptomoeda, não porque capacitam trocas de Bitcoin, mas porque são uma nova geração de redes financeiras que entenderam como transferir ativos, instrumentos financeiros ou ativos digitais rapidamente com segurança, em essência evadindo as torres de rede e pontes de gastos nas quais a indústria de serviços financeiros atuais confiam.

PRINCIPAIS IDEIAS DO CAPÍTULO QUATRO

1. Estaríamos pedindo muito se quiséssemos que as instituições de serviços financeiros abraçassem completamente o blockchain. Na verdade, o que farão inicialmente é escolher o que elas gostam e deixar de lado o que não gostam.

2. Apesar de um banco ou outro canal de transação mundial não surgir em breve, há a necessidade de sensações e comportamentos de um banco global. O blockchain pode ajudar.

3. O setor de Serviços Financeiros precisará instaurar novas regulamentações enquanto atualiza simultaneamente a regulamentação existente, para acomodar a inovação introduzida pelo blockchain.

4. O teste decisivo é fazer transações sem uma entidade de liquidação central no meio. A verificação da identidade e a validação das contrapartes podem ser feitas em um modelo P2P no blockchain, e isso é um método preferível, que as organizações deveriam tentar aperfeiçoar.

5. As decisões estratégicas esperam as instituições financeiras, e elas devem ter a coragem de pular etapas, e não somente avançar um novo nível e ficar contentes com isso.

BLOCKCHAIN PARA NEGÓCIOS [111]

NOTAS

1. PayPal "Who we are". Disponível em: <https://www.paypal.com/webapps/mpp/about> (conteúdo em inglês).

2. The Pulse of FinTech, 2015 in Review, KPMG e CB Insights. Disponível em: <https://www.kpmg.com/CY/en/topics/Documents/the-pulse-of-fintech.pdf> (conteúdo em inglês).

3. "A Society for Worldwide Interbank Financial Telecommunication (SWIFT) fornece uma rede que capacita instituições financeiras ao redor do mundo a enviar e receber informações sobre transações financeiras em um ambiente seguro, padronizado e confiável." (Fonte: Wikipédia.) Disponível em: <http://swift.com/> (conteúdo em inglês).

4. "Virtual Rivals", *The Economist*, 2000. Disponível em: <http://www.economist.com/node/348364> (conteúdo em inglês).

5. "My Financial Stack as a Millennial", Sachin Rekhi. Disponível em: <http://www. sachinrekhi.com/my-financial-stack-as-a-millennial (conteúdo em inglês).

6. Update to the Global Landscape of Blockchain Companies in Financial Services, William Mougayar. Disponível em: <http://startupmanagement. org/2015/12/08/update-to-the-global-landscape-of-blockchain- companies-in-financial-services/> (conteúdo em inglês).

7. "Blockchain 2015: Strategic Analysis in Financial Services", William Mougayar. Disponível em: <http://www.slideshare.net/wmougayar/blockchain-2015-analyzing-the-blockchain-in-financial-services> (conteúdo em inglês).

8. "Ethereum-inspired Clearmatics to save OTC markets from eternal darkness", Ian Allison, IB Times. Disponível em: <http://www. ibtimes. co.uk/ethereum-inspired-clearmatics-save-otc-markets-eternal- darkness-1545180> (conteúdo em inglês).

☐-☐-⑤-☐-☐

INDÚSTRIAS-MODELO & NOVOS INTERMEDIÁRIOS

"Tolice sua dizer que aprende com as experiências! Prefiro me beneficiar dos erros dos outros e evitar o preço de cometê-los."

— PRÍNCIPE OTTO VON BISMARCK

ESTE CAPÍTULO ABORDA o impacto do blockchain em várias indústrias fora dos mercados bancários e de capitais.

Fora da esfera das corporações, há problemas mundiais que são possíveis alvos para o blockchain, e eles estão relacionados à economia, indústria, governo ou sociedade. Alguns desses problemas estão enraizados em bases filosóficas ou ideológicas. Escolha sua queixa ou problema no mundo e poderá haver uma alternativa descentralizada para uma solução indubitavelmente relacionada ao blockchain.

Se você quiser olhar para verdadeiras inovações com o blockchain, o denominador comum não aponta para nenhum operador tradicional nessa equação. As novas startups não consideram serviços centrais existentes, e tentam criar um serviço melhor que se beneficie da descentralização do blockchain.

[113]

Eis outro paradigma: dados e programas são públicos. Semipúblicos, para ser preciso, porque a informação é criptograficamente segura, e visível apenas se você possui direito de acesso. Isso significa que qualquer um pode publicar dados nos blockchains. Anteriormente, tudo o que era importante ficava escondido por trás de bancos de dados, e tínhamos que ir a algum lugar para verificar alguma coisa. Agora aprenderemos a expor dados e quebrar bancos de dados em partes, sem medos em relação à segurança.

Você precisa acreditar que pode rodar programas seguramente em uma infraestrutura mais segura do que em alguns ambientes computacionais tradicionais. As infraestruturas do blockchain possuem múltiplas redundâncias, e muitas são resilientes.

OS NOVOS INTERMEDIÁRIOS

Velhos intermediários ameaçados pela tecnologia resistirão. Eles não vão simplesmente passar por cima. Continuam lutando enquanto perdem. Jornais, fornecedores de televisão a cabo e agentes de viagem são alguns exemplos.

O blockchain ataca alguns intermediários: financeiras de contrapartes centrais, tabeliães, serviços de garantia e qualquer serviço de confiança. Enquanto o blockchain tem algumas das funções deles, também permite a criação de novos atores.

Inicialmente, os serviços do blockchain parecerão como ofertas "alternativas" complementares às principais, mas foi assim que os serviços de internet começaram. Com uma maior adoção, essas escolhas alternativas se tornarão as principais.

A separação é uma das principais razões de novos intermediários emergirem. Ela elimina algumas camadas de funcionalidade, criando fraquezas para novos intermediários que as exploram. O que é separado da essência para de protegê-la.

A web foi uma nova plataforma intermediária que substituiu jornais, mídias de entretenimento e agentes de viagem. Quem serão os novos intermediários baseados em blockchains?

Autoridades de Prova de Confiança

Em breve conseguiremos uma "prova para tudo". Esta é a visão: a verificação da confiança não deveria ser um processo com atritos, mas tão fácil quanto suas pesquisas no Google.

Podemos imaginar muitos serviços baseados em blockchain que se tornarão as novas "autoridades de confiança". Você começa colocando marcas temporais em algo. Outros podem verificar o que você fez. Veja alguns exemplos inspiradores:

- **Prova de Identidade:** Verifica sua identidade por autoridades certificadas baseadas em blockchain.

- **Provas de Existência:** Grave um vídeo/áudio, tire uma foto ou receba um arquivo, e compartilhe essas provas.

- **Oráculos como Negócios:** Os oráculos serão autoridades de referência porque contêm informações úteis atualizadas.

- **Contratos Inteligentes como Serviços:** Consulte os contratos inteligentes do seu navegador (como o Pax Directory).

- **Prova de Depoimento:** Verifique que comprou algo, como uma arma licenciada, um bilhete de loteria, um medicamento ou uma licença de pesca.

- **Prova de Localização:** Prove que esteve onde diz.

- **Prova de Propriedade:** Responda — quem é o dono?

- **Prova de Geração de Leads:** Ajuda a garantir que você está comprando leads de confiança, sem fraude.

As DAOs Estão Surgindo

Uma representação de governança descentralizada retratada pela chegada das Organizações Autônomas Distribuídas (DAOs), cujos comandos e operações rodam no blockchain. Indiscutivelmente, esse poderia ser o resumo da descentralização. Num futuro próximo, todos poderão "trabalhar" para uma DAO sem permissão, se beneficiando economicamente disso.

O conceito de uma Organização/Corporação Autônoma Distribuída (DAO/DAC) é um resultado idealístico da revolução criptotech. Sua origem está em temas de descentralização relatados por Ori Brafman, em *The Starfish and the Spider* (2007) (A Estrela-do-mar e a Aranha, em tradução livre), e sobre "produção de pares", bem descrita por Yochai Benkler, em *A Riqueza das Redes* (2007). Mas esses dois temas se uniram recentemente ao advento de tecnologias relacionadas à criptomoeda por Dan Larimer, que observou que o Bitcoin é o DAC original, e Vitalik Buterin, que expandiu essa construção ao generalizá-la como uma DAO, notando que elas possuem "capital interno". A desregulamentação de crowdfunding e a separação de serviços foram dois temas pareados adicionados à sua combustão, e tudo foi fortemente cobrado por uma camada de governança criptotech e automações de confiança, para permitir que as DAOs "rodassem sem nenhum envolvimento humano sob o controle de um conjunto de regras de negócios incorruptível".[1]

[116] WILLIAM MOUGAYAR

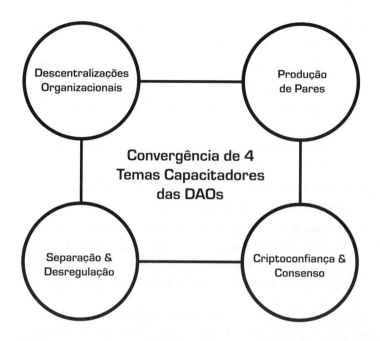

Ainda faltam experiências reais e um mergulho mais fundo na realidade de uma DAO. Certamente nem todas nascerão ao seguir uma receita. E haverá variações e tons de pureza nos princípios delas, para propósitos práticos.

Como chegar lá e quais as peças do quebra-cabeça de uma visão operacional/prática?

Só porque podemos adicionar criptotech não significa que a DAO obterá sucesso.

Apesar de ser possível objetivar ser uma DAO desde o início, também é possível evoluir para chegar lá, e também é possível incorporar partes de uma DAO em uma organização tradicional. Se ela é o nirvana atual em termos de agentes autônomos trabalhando com inteligência artificial ou programas inteligentes, então podemos imaginar uma sequência evolucionária, na qual cada passo subsequente é construído a partir do anterior, de acordo com a seguinte evolução:

- **Participativa** — usuários participam voluntariamente e independentemente em tarefas livres.

- **Colaborativa** — usuários colaboram e adicionam valor para objetivos comuns.

- **Cooperativa** — usuários esperam obter ganhos compartilhados.

- **Distribuída** — começa a propagação dessas funções ao multiplicá-las por uma rede maior.

- **Descentralizada** — alcança uma escalabilidade ao incutir maiores poderes às pontas.

- **Autônoma** — agentes autônomos, programas inteligentes e maiores níveis de inteligência artificial e algoritmos IA obtêm autossustentabilidade em operações e criação de valor em centros, margens e artérias de uma organização.

Há várias partes nas quais você precisa pensar metodicamente, como um checklist de implementação para resolver gradualmente.

1. *Qual É o Escopo?* Os usuários são o centro da evolução, assim como a arquitetura que suporta suas ações. Note que as funções participativas, colaborativas e cooperativas são baseadas no usuário, enquanto as distribuídas, descentralizadas e autônomas são baseadas na arquitetura.

2. *Tipos de Propriedade.* Há três maneiras para se envolver em uma DAO. Você pode comprar ações, criptomoeda ou tokens, elas podem ser dadas a você ou você as conquista. A parte dos ganhos é interessante porque envolve trabalho passivo ou ativo. Um exemplo de trabalho ativo inclui a entrega de recompensas para determinados projetos, como encontrar bugs, desenvolver software, hacking ético ou qualquer tarefa requerida pela DAO. O trabalho passivo é tipicamente feito no compartilhamento de algo, como ciclos de processamento de seu computador, acesso à internet, armazenamento ou até mesmo seus dados.

3. *Unidades de Valor.* Você pode receber muitas coisas em troca. É claro, o instrumento tradicional é uma cota (ou garantia/opção para ações), mas o valor também pode vir em pontos, tokens, prêmios ou criptomoeda. Note que os tokens poderiam ter muitos propósitos, pois representam os direitos de uso de um produto ou propriedade ligados a valores intrínsecos.

4. *Transparência na Governança.* Obter direito de governança não é fácil, mas deve ser feito. A autonomia não implica em anarquia, então precisará pensar nas várias partes de uma governança, estando as partes envolvidas ativamente (votando, gerenciando, criando e verificando regras, decidindo, reportando, regulando) ou passivamente (sentindo-se empoderadas, valiosas, respeitadas, compensadas).[2] Não importa, a transparência na governança deve prevalecer.

5. *Apreciação de Ganhos.* Tradicionalmente, tivemos divisão de lucros e participação dos dividendos como uma forma de redistribuição de ganhos coletivos. Mas em uma DAO esses benefícios podem incluir direitos de voto/especiais, ou pode ser concedido um status especial. Por fim, deve haver crescimento de valor na apreciação do capital interno, seja na forma de criptomoeda ou em algum tipo de tokenização criptograficamente seguro.

6. *Criptotecnologia.* Blockchain, protocolos e plataformas baseados em criptomoeda são capacitadores do mecanismo de consenso. Tipicamente, há consensos descentralizados de código aberto e protocolos de confiança descentralizados que capacitam a veracidade irrefutável e verificável de todas as transações e programas inteligentes. Esses protocolos podem ser de propósitos gerais (como a Ethereum e o Bitcoin) ou específicos (como o La'ZooZ para transporte descentralizado ou o MaidSafe para armazenamento descentralizado). Estes são componentes funcionais adicionais que deveriam ser incluídos na plataforma: a) uma camada de dados de usuário, presumindo que os dados pertencem a ele, e apenas acessíveis de uma forma agregada pela DAO;

b) programas inteligentes que são os motores de transação atuais; e c) várias APIs para interagir com serviços de valor agregado ou parceiros auxiliares de uma DAO.

Um objetivo-chave de uma DAO é valorizar a criação ou produção, e para isso acontecer deve haver uma conexão específica entre as ações do usuário e os efeitos resultantes delas no valor geral da organização, conforme simbolizado pelo valor da criptomoeda subjacente. É aí que a criatividade empresarial deve entrar e onde os modelos de negócios se conectarão.

O uso sem valor é um desperdício e resultará em fracasso. Sim, é um alerta. Muitas dessas DAOs teoricamente não evoluirão. Uma crowdsale de criptomoeda permite apenas que a DAO tenha um início. No final das contas, uma DAO é como uma startup. Requer um produto/mercado, a realização de um modelo de negócios e muitos usuários (consumidores) para ir para a frente. Logo de cara, muita coisa é assumida, e a DAO pode se parecer com um projeto de ficção científica, até que o produto ou serviço alcance a realidade de mercado que decide sua viabilidade. A "prova de sucesso" será sustentada pelo mercado, não pelo sucesso do crowdfunding.

Apesar de seu status cobiçado, obter uma DAO é um processo gradual que não pode ser acelerado artificialmente. Uma DAC/DAO possui graus de pureza em sua implementação. Haverá casos nos quais apenas uma porcentagem de uma empresa é uma DAC ou opera como uma.

INDÚSTRIAS-MODELO

Governos e Governanças

As aplicações relacionadas a governos e governanças são ótimas para a tecnologia blockchain. Nós as categorizamos em:

1. Jurisdições nacionais, estaduais, provinciais ou municipais
2. Governança virtual para nações ou organizações
3. Governança de diretorias para empresas

Governos existentes, construídos com "tijolo e cimento", que passarem a transformar parte de seus serviços para o blockchain, o verão como uma evolução dos serviços digitais atualmente oferecidos.

ALGUNS SERVIÇOS BASEADOS EM BLOCKCHAIN PARA GOVERNOS TRADICIONAIS	
• Registro de casamento	• Direito de propriedade
• Leilões de contratos	• Registro de veículos
• Emissão de passaportes	• Patentes
• Coleta de benefícios	• Impostos
• Registro de terras	• Votos
• Licenças	• Títulos públicos
• Certidões de nascimento	• Arquivamentos e conformidades

Entretanto, demorará muito tempo para os governos implantarem esses serviços. Eles com certeza começarão analisando o impacto e a ramificação de tais projetos, então avaliarão os requisitos de escalabilidade. Suas expectativas serão muito altas, porque os serviços governamentais não podem falhar. Países menores, condados ou cidades podem ter uma vantagem na tentativa de realizar esses projetos, pois evitam as limitações da escalabilidade do blockchain.

Com uma governança virtual, o Bitcoin oferece um exemplo do que é possível. É uma miscelânea de serviços que abrangem legalidade, garantia, sociedade, segurança e diplomacia. Inclui serviços notariais públicos mundiais nos quais qualquer um pode gravar seus documentos legais no blockchain e arquivá-los marcando-os lá permanentemente.

A Estônia implementou o serviço notarial público chamado de BitNation. Se um casal se casa no BitNation,[3] não significa que se casou na jurisdição da Estônia, ou em outra jurisdição. Eles apenas se casaram na "jurisdição do blockchain".[4]

A Ucrânia é pioneira em uma plataforma de eleição (na Ethereum) que permitirá diversos níveis de eleição, incluindo políticas primárias, eleições, petições online e referendos.[5]

Para empresas tradicionais, o BoardRoom[6] é uma plataforma de governança que se apoia no blockchain para gerenciar um consenso descentralizado com propostas que podem ser votadas e executadas em uma assembleia democrática. Uma de suas características mais interessantes é uma ligação direta para decisões de governança de fundos de investimento. Para Nick Dodson, seu criador: "permite que os fundos sejam despendidos para uma parte beneficiária, com base nas regras preestabelecidas, assim que os votos sejam definidos pela resolução, diminuindo o tempo de pagamento, tornando-o imediato".

Se quiser incorporar sua empresa e rodar os negócios de governança no blockchain, Otonomos[7] permite que você "peça" uma nova empresa em Cingapura, Hong Kong ou no Reino Unido. Você pode alocar capital para shareholders, apontar diretores, emitir opções para empregados ou notas conversíveis para investidores (por contratos inteligentes) da conveniência de um painel de controle sem tocar em um pedaço de papel.

Há outra aplicação em potencial do DIY Government 2.0. Suponha que um governo de um país real esteja falindo. Cidadãos preocupados poderiam criar uma governança no blockchain que seja mais justa, descentralizada e responsável. Há ao menos 50 estados fracassados, frágeis e corruptos que poderiam se beneficiar de uma governança blockchain melhorada.[8]

Convênio Médico

Ao olhar para o espectro da indústria de convênio médico, é tentador presumir que as capacidades do blockchain darão um jeito nos desafios de registros médicos e privacidade de dados do paciente.

Fazer a compilação de um registro médico transportável e integrado é um velho problema, e difícil de solucionar. Não podemos esperar que o blockchain resolva todos os problemas relacionados a convênios médicos e tecnologia. Os gargalos regulatórios não devem ser subestimados, principalmente se a abordagem do blockchain conflitar com a lei.

A teoria é atraente: publique o registro no blockchain e tenha a certeza de que você ou uma pessoa autorizada tenha acesso a ele em qualquer lugar do mundo. É isso o que o governo da Estônia fez — um bom caso de tecnologia blockchain na saúde. Ao usar a autenticação de dados desbloqueados da Guardtime, em conjunto com um registro distribuído, os cidadãos obtêm uma credencial que desbloqueia o acesso aos seus registros em tempo real. Desse momento em diante, o blockchain garante uma corrente de custódia e registra todos os que mexerem nos dados, fazendo com que o processo de conformidade seja mantido.[9]

Há outros usos para a área da saúde:

* Usar uma combinação de processos multiassinatura e QR codes pode dar acesso específico ao nosso registro médico ou a partes dele a profissionais de saúde autorizados.

* Compartilhar dados de nosso paciente de maneira agregada, mantendo-o anônimo para garantir a privacidade. Isso é útil em pesquisas e para comparação de casos similares.

* Registrar e cronometrar procedimentos ou ocorrências médicas para reduzir fraude de convênios, facilitar a verificação da conformidade e verificar serviços prestados.

- Registrar a manutenção de partes críticas de equipamentos médicos, como um scanner de ressonância magnética, fornecendo um rastro auditável permanente.
- Carregar uma carteira segura com todos os registros médicos nela, ou nosso DNA armazenado, permitindo seu acesso em emergências.
- Verificar a proveniência de medicamentos para eliminar a manufatura ilegal de drogas.
- "CaseCoins": originar altcoins específicos que criam um mercado de criptomoeda para a resolução de uma doença específica, como a FoldingCoin, um projeto no qual os participantes compartilham seu poder de processamento para ajudar na cura de uma doença e recebem um ativo token como prêmio.[10]

Energia

Aplicações blockchain podem ajudar a atingir um gerenciamento mais eficiente do poder de distribuição, microtransações de baixo custo entre pares ou máquinas, criação de mercados secundários ou pagamentos.

RWE, uma empresa de energia alemã, está procurando conectar estações de carregamento de veículos elétricos a um blockchain (pelo Slok.it, na Ethereum). Esse serviço permite que os usuários carreguem seus carros e paguem em microtransações. A estação lida com a identificação do usuário, processamento de pagamentos e pontos de lealdade como parte de uma única transação imutável. Isso simplifica a conta e fornece uma contabilidade mais simples, que é um gargalo do mercado de energia.[11]

O TransActive Grid, um empreendimento da LO3 Energy e da ConsenSys, desenvolveu uma lógica de negócios que entrega medição em tempo real de geração de energia local, capacitando os habitantes a comprar e vender energia renovável para seus vizinhos.

A primeira demonstração desse projeto ocorreu com dez clientes em março de 2016, em um bairro do Brooklyn, em Nova Iorque, e outros 130 ficaram interessados.[12]

A Accenture revelou uma prova de conceito de um protótipo de plug que funciona com outros dispositivos domésticos que monitoram o uso de energia. Quando a demanda está alta ou baixa, ele procura por preços de energia e usa o blockchain modificado para trocar fornecedores se encontrar um mais barato. Poderia ajudar muita gente de baixa renda que usa um medidor de energia.[13]

A Grid Singularity[14] está experimentando o blockchain para autenticar transações de energia. Ela almeja países desenvolvidos, onde quer gerar energia solar segura, paga conforme o uso. Um dos objetivos é criar uma plataforma para sistemas de energia que possa ser aplicada a qualquer tipo de transação.

PRINCIPAIS IDEIAS DO CAPÍTULO CINCO

1. A história do impacto do blockchain não estará completa até que se propague ainda mais para diversas indústrias, governos e processos horizontais.

2. Enquanto o blockchain elimina algumas funções de intermediários, também permite a criação de novos atores.

3. Em breve seremos capazes de obter uma "prova para tudo" tão facilmente quanto procurar por algo no Google.

4. Além de serviços financeiros; governos, convênios médicos e energia são os próximos setores em potencial a experienciar um aumento de atividade na inovação de blockchain.

5. Organizações Autônomas Distribuídas (DAOs) são uma aplicação importante do blockchain, mas sua implementação prática ainda está no início.

NOTAS

1. "Bitcoin and the Three Laws of Robotics, Let's Talk Bitcoin". Disponível em: <https:// letstalkbitcoin.com/bitcoin-and-the-three-laws-of-robotics#.UjjO0mTFT7v, 2013> (conteúdo em inglês).

2. "Do Peers Really Want to Govern Their Platforms?", Brad Burnham, Union Square Ventures. Disponível em: <https://www.usv.com/post/54c7abcd570e2300033262e6/do-peers-really-want-to-govern-their-platforms, 2015> (conteúdo em inglês).

3. BitNation Public Notary (BPN). Disponível em: <https://bitnation.co/notary/> (conteúdo em inglês).

4. "Bitnation and Estonian Government Start Spreading Sovereign Jurisdiction on the Blockchain", IB Times, Ian Allison. Disponível em: <http://www.ibtimes.co.uk/bitnation-estonian-government-start-spreading- sovereign-jurisdiction-blockchain-1530923>, novembro de 2015 (conteúdo em inglês).

5. "Ukraine Government Plans to Trial Ethereum Blockchain-Based Election Platform", *Bitcoin Magazine*. Disponível em: <https:// bitcoinmagazine.com/articles/ukraine-government-plans-to-trial-ethereum-blockchain-based-election-platform-1455641691>, fevereiro de 2016 (conteúdo em inglês).

6. BoardRoom. Disponível em: <http://boardroom.to/> (conteúdo em inglês).

7. Otonomos. Disponível em: <otonomos.com> (conteúdo em inglês).

8. Lista de países por Índice de Estados Frágeis, Wikipédia. Disponível em: <https:// en.wikipedia.org/wiki/List_of_countries_by_Fragile_States_Index> (conteúdo em inglês).

9. "Guartime Secures over a Million Estonian Healthcare Records on the Blockchain", Ian Allison, IB Times. Disponível em: <http:// www.ibtimes.co.uk/ guardtime-secures-over-million-estonian-healthcare-records- blockchain-1547367>, março de 2016 (conteúdo em inglês).

10. "Blockchain in Healthcare: From Theory to Reality", Jonathan Cordwell. Disponível em: <http://blogs.csc.com/2015/10/30/blockchain-in-healthcare-from-theory-to-reality/> (conteúdo em inglês).

11. "Partnering with RWE to Explore the Future of the Energy Sector", Stephan Tual. Disponível em: <https://blog.slock.it/partnering-with-rwe-to-explore- the-future-of-the-energy-sector-1cc89b9993e6#.w3oj745sc> (conteúdo em inglês).

12. "Blockchain-based Microgrid Gives Power to Consumers in New York", *New Scientist*. Disponível em: <https://www.newscientist.com/article/2079334-blockchain-based-microgrid-gives-power-to-consumers-in-new-york/>, março de 2016 (conteúdo em inglês).

13. "Bitcoin Could Help Cut Power Bills", BBC. Disponível em: <http://www.bbc.com/news/technology-35604674> (conteúdo em inglês).

14. Grid Singularity. Disponível em: <http://gridsingularity.com/> (conteúdo em inglês).

IMPLEMENTANDO A TECNOLOGIA BLOCKCHAIN

"A imaginação é mais importante do que o conhecimento. Porque o conhecimento está limitado a tudo o que sabemos e entendemos, mas a imaginação abarca o mundo inteiro."

— ALBERT EINSTEIN

QUANTO MAIS BASILAR UMA TECNOLOGIA, maior seu impacto. A tecnologia blockchain não é uma tecnologia de melhora de processo. Em seu potencial de desenvolvimento máximo, ela é, na verdade, uma tecnologia disruptiva; assim, esse potencial tem que ser agregado a ela no momento de sua implementação.

A maioria das principais plataformas blockchain está sendo desenvolvida por meio de uma abordagem transparente, de fonte aberta e colaborativa, incluindo um bom nível de trabalho descentralizado. Essa abordagem tem dois resultados: a) sua implementação nem sempre é "bonita" ou fácil de compreender; e b) até que os lançamentos finais estejam prontos, as implementações e deployments são mais rotinas do que exceções. Até que o desenvolvimento da tecnologia blockchain amadureça (mais ou menos entre

2018 e 2020), você precisará lidar com a variedade de desafios de implementação ao longo do caminho.

Nós poderíamos acabar em uma situação similar à que ocorreu durante os anos iniciais da web. Muitos negócios não conseguiram ir para frente, alguns por causa da fragilidade na tecnologia, outros por causa de suposições de modelos de negócios (o resultado de uma falta de conhecimento de mercado), e alguns por causa das duas coisas. Eventualmente, a internet e a tecnologia web evoluíram, melhoraram e permitiram implementações mais poderosas.

Com o blockchain, poderíamos adotar uma abordagem mais conservadora e esperar até que a tecnologia amadureça, e então nos envolver quando todas as incertezas forem removidas. Como diz o ditado, Deus ajuda quem cedo madruga; mas quem cedo madruga dorme à tarde. Algumas empresas sem dúvida nenhuma seguirão esse caminho, enquanto outras serão mais atraídas pelo fato de serem pioneiras e inovadoras, ansiosas por negociar riscos para conseguirem recompensas maiores ou mais cedo.

Há duas abordagens em curso para a implementação do blockchain: a) dentro de organizações existentes, como uma tecnologia a mais; ou b) fora de organizações, por uma startup que pode não estar tão preocupada com processos existentes. Este capítulo foca a abordagem dos primeiros passos nas implementações de blockchain internos em organizações. Muitas das ideias nos Capítulos 3, 4 e 5 destacam o trabalho inovador das startups. Mais adiante, neste capítulo, trataremos também das oportunidades interorganizacionais que são uma mistura das duas anteriores.

ESTRATÉGIAS INTERNAS PARA IMPLEMENTAR OS BLOCKCHAINS

Não há uma maneira certa ou errada de implementar o blockchain em organizações grandes. Há muitas abordagens. Uma startup começa com um papel em branco, sem nenhuma bagagem. Mas uma organização pode se tornar refém de uma situação existente. A máxima "Sim, Deus criou o mundo em seis dias, mas porque ele não tinha uma base instalada" é mais uma vez verdadeira.

Fazer com que as grandes organizações acompanhem e entendam o blockchain e seus impactos não é um projeto que se realize da noite para o dia.

É necessário tempo até que um problema (o blockchain) adquira atenção, entendimento e faça parte dos planos nos ranks dos executivos seniores, estando também no calendário de prioridades do CEO. Tipicamente, isso começa a acontecer depois de uma combinação de grande interesse de funcionários mais "progressistas" e por meio de pressões de mercados externos.

Subitamente, um ou alguns dos funcionários em posições de liderança incorporam o tema blockchain e começam a pensar nisso continuamente. Algumas das questões organizacionais podem ser:

- Como podemos nos organizar para lidar com o blockchain, e por quê?
- Como podemos desenvolver casos de uso, estratégias e abordagens de implementação?
- Como evoluímos de Provas de Conceitos para desenvolvimentos completos?
- Quais benefícios documentados podemos esperar do blockchain — estratégicos versus operacionais?
- Quais lições estamos aprendendo e quais erros estamos cometendo?
- Quais são as referências às quais estamos nos comparando?
- Quais são as melhores práticas que podemos compartilhar para que sejamos mais eficazes em nossas tentativas?
- O que podemos esperar atingir ao longo do próximo ano?

O CZAR DO BLOCKCHAIN

A origem da analogia do czar vem do momento de reengenharia no início dos anos 1990, quando Michael Hammer e James Champy defenderam o papel de "czar da reengenharia", em seu livro *Reengenharia — revolucionando a empresa*. O czar da reengenharia era quem se tornaria o centro dos esforços de reestruturação em uma empresa.

Na definição da reegenharia, o czar é "um indivíduo responsável pelo desenvolvimento de técnicas e ferramentas de reengenharia e pela conquista da sinergia em todos os projetos de reestruturação existentes na empresa".

É importante notar que o czar da reengenharia não a faz "acontecer". Esse é o papel dos "líderes de reengenharia", que recebem apoio do czar. Dando continuidade ao papel do czar de Hammer e Champy, "o czar da reengenharia tem duas funções principais: a primeira é capacitar e apoiar cada dono de processo individual e time de reengenharia, e a segunda é coordenar todas as atividades de reengenharia em curso".

No meu último ano na Hewlett-Packard, em 1995, obtive o papel de Czar da Reengenharia na empresa Canadian Operations. Essa posição obedecia ao CEO porque era uma iniciativa executiva que tinha a prioridade máxima do calendário. Na época, eu estava gerenciando uma dúzia de projetos, dando assistência à equipes que estavam implementando-os na empresa, e seguimos os métodos e práticas de Hammer e Champy, com sucesso.

Para referência histórica, há um antecedente governamental relacionado às posições de czar. Em 1993, o presidente Clinton apontou a Ira Magaziner[1] como o Czar da Internet dos Estados Unidos, em uma época em que havia onze títulos de czar nomeados pela Casa Branca. É interessante notar que o número de títulos subiu para 33 com o presidente George W. Bush (2001–2009), e para 38 com o presidente Barack Obama (2009–2016).[2]

A diferença entre a época da reengenharia e o período inicial do blockchain é que o "livro de receitas" da reegenharia continha muitas receitas, e muitas delas eram sobre a implantação. No início dos anos 1990, a tecnologia catalisadora era a Tecnologia da Informação, e era estável, diferente das tecnologias blockchain que ainda estavam crescendo e amadurecendo em 2016. Entretanto, o espírito e a intenção da posição de czar continuam completamente aplicáveis ao blockchain.

Por trás das práticas de processos de reengenharia havia a religião de negócios em sua forma mais pura, e espero que as iniciativas e os investimentos do blockchain recebam o mesmo tratamento.

Nesse contexto, o "Czar do Blockchain" deveria ter experiência em sua própria operação de negócios e deveria entender o papel dos processos de reengenharia por meio de implementações tecnológicas. Essa pessoa também poderia se tornar o representante interno e externo da empresa. Idealmente, esse papel não deveria ser representado por um analista do departamento de pesquisa, mas eles poderiam ser parte de um grupo inovador, contanto que tivessem experiência operacional. O Czar do Blockchain será responsável por remover obstáculos em sua organização, facilitar a educação, curar e compartilhar melhores práticas e acompanhar o progresso de várias implementações na organização. Esse trabalho é difícil, porque envolve encontrar e extinguir processos antigos, e não automatizar o que está sendo feito na atualidade.

MODELOS ORGANIZACIONAIS

Então, como você se organiza internamente? Há várias opções.

Algumas empresas estão fundando uma entidade de "Laboratórios Blockchain", que inclui engenheiros de software que "colocam a mão na massa" conforme as ideias surgem e precisam ser demonstradas. Esses laboratórios tipicamente possuem o foco interno de "mostrar e vender" ou ensinar as possibilidades do blockchain para outras unidades ou departamentos na organização. Seu desafio não está na incubação das ideias, mas em como são entregues e implementadas em outros departamentos e unidades.

Algumas outras organizações formaram uma força-tarefa interna do blockchain composta de vários stakeholders, que se reúnem e se comunicam regularmente. O desafio com esse tipo de abordagem é que pode ser que nem todos os stakeholders possuam o mesmo conhecimento ou motivação e podem não concordar com a direção dada. O papel desse grupo poderia ser mais sobre compartilhamento e aprendizado coletivo do que sobre influência.

Outra abordagem é descobrir ideias nos vários grupos por um processo comum, mas desenvolver as provas de conceitos nos laboratórios, e então implementar os melhores candidatos.

Independente da abordagem, todas se beneficiariam de pelo menos um defensor que é um líder respeitado e um comunicador vigoroso e entusiasta das tecnologias blockchain.

UMA ARQUITETURA FUNCIONAL DO BLOCKCHAIN

Uma forma de entender o escopo dos blockchains é estudando as funcionalidades que eles compreendem. Esta seção descreve uma proposta de construção genérica derivada da análise de várias abordagens existentes no mercado.

Em 2016, parece que existem muitas peças, mas haverá uma consolidação, e gradualmente falaremos menos sobre o que está escondido e mais sobre capacidades melhoradas. Eventualmente, esse tipo de infraestrutura de tecnologia será comum, e a maioria será montada "fora da caixa".

Estes são os blocos de construção de uma tecnologia blockchain:

UMA ABORDAGEM GENÉRICA PARA A FUNCIONALIDADE DO BLOCKCHAIN

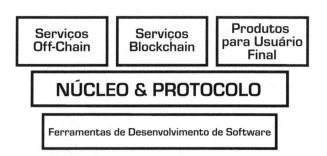

Vamos mergulhar em cada um desses pedaços para mais detalhes.

NÚCLEO & PROTOCOLOS

Rede Peer-to-peer

A Rede Peer-to-peer (P2P) é o conjunto de computadores conectados com nós em uma topologia em eterna expansão. É um elemento básico de um blockchain. Todo nó roda o mesmo software, fornecendo redundâncias inerentes a toda a rede, o que significa que, se um nó para de funcionar ou não responde, o trabalho dos outros nós o compensará. Em essência, é difícil uma rede P2P parar de funcionar completamente. Todos os nós deveriam parar ao mesmo tempo.

Algoritmo de Consenso

Os vários métodos que ditam "o quê" ou "quantos" nós podem participar dos aspectos de permissão da validação das transições também fazem parte da configuração do algoritmo de consenso, e eles ajudam a determinar se o resultado será público, privado ou semiprivado. A mineração pode ou não estar envolvida nesse processo. As chaves e assinaturas são parte dessa funcionalidade.

Os anos iniciais do desenvolvimento do blockchain foram cheios de discussões acaloradas sobre qual tipo de consenso era o melhor, mas conforme essas tecnologias amadurecerem, e com certeza depois de 2018, o tipo de algoritmo de consenso será um assunto menos relevante, pois será tido como certo, contanto que seja eficiente, seguro e bem suportado.

Máquina Virtual

É um conceito advindo da popular Java Virtual Machine (JVM), mas lançado pela Ethereum, no contexto de desenvolvimento do blockchain. A máquina virtual descreve a parte do protocolo que manipula o estado interno e o processa. Pode ser pensada como um grande computador descentralizado (na verdade constituído pelas muitas máquinas P2P) que contém informações sobre as milhões de contas, que atualizam um banco de dados interno, executam códigos e interagem entre si. Os programas escritos com a Linguagem de Contrato Inteligente são compilados na Máquina Virtual, e, para criar os contratos, você envia a transação contendo o código.

Registro Histórico

As transações são, na verdade, registradas em blocos de dados sequenciais, então há registro em histórico, no qual se pode apenas acrescentar, o que é constantemente mantido e atualizado. Dizer que o blockchain é um registro distribuído é uma falácia. Tecnicamente, não é, mas age como se fosse, pois a coleção de transações nos blocos é equivalente a um registro distribuído. Entretanto, você pode criar aplicações de registro imutáveis baseadas nos registros históricos fornecidos pelo blockchain.

Equilíbrio de Estado

O Bitcoin não foi projetado para contas, mas ele é a maneira mais comum para pensar sobre as transações que ocorrem, porque estamos acostumados a olhar para nossas transações bancárias dessa forma. O Bitcoin usa um método chamado de Unspent Transaction Outputs (UTXO), um conceito que conecta transações não gastas como uma saída que pode ser utilizada como entrada em uma nova transação. Outros blockchains usam métodos diferentes para manter o controle do equilíbrio de estado. Ripple possui um registro que contém o estado dos saldos atuais mantidos na rede em oposição a uma cadeia de eventos históricos. Na Ethereum, o estado é feito de objetos chamados de "contas", com cada uma delas tendo estados de transição como transferência direta de valor e informação entre contas.

UMA ABORDAGEM GENÉRICA À FUNCIONALIDADE DO BLOCKCHAIN

Visão do Usuário Final

Linhas de Comando
Navegadores Especiais
Carteiras
Aplicações
Clientes de Download

Software

APIs
Linguagens de Programação
Ambientes de Desenvolv.
Teste
Sandboxes

Núcleo & Protocolo

Rede P2P
Algortimo de Consenso
Máquina Virtual
Registros Históricos
Posições de Saldo

Serviços Off-chain

Reputação
Mensagem
Armazenamento
Trocas
Gateways de Pagamentos

Serviços Off-chain

Registro Temporal
Registro de Nome
Oráculos
Gerenciamento de Identidade
Voto
Contratos Inteligentes
Tokenização
Mensagem
Links de Ativos
Prova de Existência

DESENVOLVIMENTO DO SOFTWARE DO BLOCKCHAIN

As várias partes que compõem o desenvolvimento do software do blockchain incluem:

- APIs (Interfaces de Programação de Aplicações)
- Várias implementações de clientes (como C++, Python, Go, Java, Haskell)
- Ambientes de Desenvolvimento Integrados e Frameworks para Desenvolvimento Rápido de Aplicações
- Linguagens de Contratos Inteligentes e Scripts
- Ferramentas de teste
- Ambientes Sandbox

SERVIÇOS ON-CHAIN

- Marcadores temporais
- Registro de nome
- Oráculos
- Gerenciamento de identidade (online, legal, pseudo etc.)
- Voto
- Gerenciamento de Contratos Inteligentes
- Tokenização
- Mensagem
- Links de ativos
- Prova de existência

VISÃO DO USUÁRIO FINAL

- Linha de comando
- Navegadores especiais
- Carteiras

- Aplicações
- Clientes de download (como entrada das aplicações)

SERVIÇOS OFF-CHAIN

- Reputação
- Mensagem
- Armazenamento (DHTs, sistemas de arquivo)
- Trocas (para tokens, ativos, moeda)
- Gateways de pagamentos

OUTRAS CARACTERÍSTICAS DE BLOCKCHAIN DESEJADAS

- Transações criptografadas (transmissões confidenciais)
- Monitoramento (estatística e análise)
- Auditoria
- Segurança

ESCREVENDO APLICAÇÕES DESCENTRALIZADAS

Como o processo de consenso dos blockchains é descentralizado por natureza, faz sentido que estejam criando uma nova geração de aplicações descentralizadas. Um app descentralizado pode o ser apenas tecnicamente, politicamente, ou ambos.

A realidade é que os apps descentralizados não servem para tudo, e nem tudo se encaixa no paradigma de um app descentralizado. Porém, há muitas aplicações que se encaixam no paradigma do blockchain distribuído, e isso apresenta uma boa quantidade de oportunidades para desenvolvedores, criadores e visionários.

As aplicações descentralizadas começam com a criação de suas próprias regras de propriedade, requisitos de transação e lógica.

Há vários níveis de sofisticação na escrita de aplicações descentralizadas.

BLOCKCHAIN PARA NEGÓCIOS [141]

1. Usa criptomoeda como uma unidade para pagar pelos serviços.

2. Usa um serviço blockchain como uma funcionalidade, por exemplo, para registrar um ativo ou verificar a autenticidade de um processo, tipicamente feito por uma API.

3. Usa um contrato inteligente em um blockchain para rodar lógicas de negócios que retornam um valor específico se certas condições são satisfeitas, por exemplo, derivativos financeiros. Nesse caso, há um ativo digital cujos movimentos e propriedade são governados pelo blockchain.

4. Usa o blockchain de uma maneira fundamental, na qual o app não funcionaria sem o blockchain. Tipicamente, você configuraria uma rede de peer-to-peer específica com nós, como o OpenBazaar, como um app de comércio eletrônico descentralizado.

5. Usa seu próprio blockchain (poderia ser compartilhado com outros) sem um token econômico ou unidade de moeda. É assim que a maioria dos blockchains com permissão funciona em empresas.

6. Usa seu próprio blockchain (ou outro), incluindo um token ou unidade de moeda para criar uma rede de valor econômico, como a MaidSafe,[3] que cria um mercado para recursos computacionais não usados em uma rede de peer-to-peer de usuários.

DOZE CARACTERÍSTICAS DE UMA PLATAFORMA BLOCKCHAIN

Se você precisar avaliar uma dada plataforma blockchain, as seguintes características são importantes:

1. **Programabilidade**. Quais linguagens de programação estão disponíveis?

2. **Escalabilidade.** Até quantos nós o blockchain pode crescer? Haverá um limite?

3. **Capacidade de atualização.** Qual é o histórico dos desenvolvedores em fornecer melhorias e atualizações para o blockchain?

4. **Gerenciamento de transações.** Há transparência em tempo real para todas as transações?

5. **Visibilidade.** Você tem uma visão completa da atividade do blockchain?

6. **Acessibilidade.** Qual é o custo de implantação dessa tecnologia?

7. **Segurança.** Qual é o nível de confiança documentado na segurança do blockchain?

8. **Velocidade/desempenho.** Quais são os limites de velocidade na validação de transações?

9. **Alta disponibilidade.** Qual é o histórico de taxa de disponibilidade do sistema?

10. **Extensibilidade.** Você pode estender a funcionalidade básica do blockchain com add-ons?

11. **Interoperabilidade.** Ele tem uma boa interoperabilidade com outros blockchains ou tecnologias relacionadas?

12. **Código aberto.** O código é aberto? Qual é o nível de colaboração e contribuição de diferentes desenvolvedores?

TREZE ESTRATÉGIAS PARA CIOS E EXECUTIVOS

Questão 1: O Blockchain Redefine o Legado

Grandes empresas estão sempre batalhando com suas aplicações de legado porque elas podem ser as âncoras que as arrastam quando novas tecnologias surgem. Mesmo se você pensa que a TI corporativa está segura com ambientes de software modernos que fazem uso de capacidades modulares em nuvem, tecnologias baseadas em contêineres para facilitar as operações de implantação ou a entrega contínua com práticas de desenvolvimento ágeis

BLOCKCHAIN PARA NEGÓCIOS [143]

e funcionais, o blockchain continua sendo outra "tecnologia moderna" que precisará ser absorvida e integrada no conjunto de tecnologias de qualquer time de desenvolvimento de software.

Questão 2: O Blockchain É uma Plataforma de TI Estratégica

Como mencionado no Capítulo 1, e expandido até este capítulo, o blockchain, em sua forma máxima, é uma nova plataforma de desenvolvimento de software. Assim, está se tornando cada vez mais estratégico. Isso significa que ele não está lá somente para reduzir custos e melhorar a latência das transações. Isso significa que precisa encontrar usos estratégicos que possam fornecer vantagem competitiva. Especificamente, a interseção de blockchains públicos e privados produzirá algumas aplicações bastante inovadoras, mas isso só será possível quando as organizações internas estiverem a par dos avanços nas aplicações da tecnologia de blockchain público.

Questão 3: Quais Competências?

Há cinco categorias de competências requeridas para realmente utilizar as soluções do blockchain em uma empresa: Educação, Descoberta, Design, Desenvolvimento e Gerenciamento.

- **Educação:** Aprender a funcionalidade básica de um blockchain e o que ele viabiliza genericamente.
- **Descoberta:** Identificar áreas de oportunidades respondendo onde o blockchain se encaixa e o que podemos fazer com ele.
- **Design:** De quais soluções precisamos para direcionar o potencial que vimos na fase da descoberta? Como isso afetará o que estamos fazendo, incluindo os requisitos de processo de negócios, contratual e legal?
- **Desenvolvimento:** Desenvolvimento de software, integração e implantação da tecnologia.
- **Gerenciamento:** Manutenção de software, suporte, evolução iterativa, novas funcionalidades e atualizações.

QUAIS COMPETÊNCIAS PARA BLOCKCHAIN VOCÊ POSSUI?

A maioria das empresas não consegue se especializar em todas essas áreas, mas elas podem fazer parcerias com outras empresas para aspectos específicos desses passos. Saber como programar blockchains será uma competência requerida, tão importante quanto programar apps web.

Questão 4: Quais Parceiros Escolher?

Cada organização tem um diferente ponto de partida, baseado em seus recursos e capacidades, então a abordagem escolhida dependerá de sua situação específica. A tabela a seguir segmenta as várias abordagens.

ABORDAGEM	COMO É FEITO	EXEMPLOS
Serviços de TI	Construiremos tudo para você	Grandes firmas de TI
Blockchain	Você trabalha diretamente com as ferramentas e serviços do blockchain	Bitcoin, Ethereum
Plataformas de Desenvolvimento	Frameworks para profissionais de TI	Eris, BlockApps
Soluções	Específico por indústria	Clearmatics, DAH, Chain
APIs & Overlays	Peças montáveis por você mesmo	Open Assets, Tierion

Questão 5: Integrações de Back-end

Quando as aplicações blockchain começarem a alcançar níveis de implantação total, elas eventualmente precisarão ser integradas com uma variedade de sistemas de back-end, assim como aplicações web e de aparelhos móveis tiveram que se integrar com sistemas organizacionais existentes. No entanto, o blockchain também possui o potencial de substituir alguns processos de back-end, então você precisa levar isso em consideração. Tenha em mente que será mais fácil implantar as soluções blockchain em alguns segmentos novos, sem a necessidade de integrações internas. Se seu ponto de partida inclui seus sistemas atuais, então você está estendendo seu horizonte de implementação por um período de 18 a 24 meses. Então por que não considerar iniciar sem nenhuma bagagem e adquirir novos clientes que querem experimentar algo novo?

Questão 6: O Blockchain Como uma Plataforma de Serviços Compartilhados

Além das aplicações internas e dos casos de uso, haverá um número de novas oportunidades para criar serviços de blockchain compartilhados, seja em nível vertical (como uma aplicação de serviços financeiros específicos), ou horizontal (como um serviço de verificação de registros genérico).

Questão 7: Romper ou Construir?

Para as startups, não há dúvidas de que o blockchain é disruptor, mas grandes empesas não gostam de mudar, a não ser que sejam forçadas a isso. Nelas, os primeiros cenários provavelmente são implantar a tecnologia blockchain para fortalecer suas operações existentes ao alcançar novos níveis de eficiência ou reduções de custos. Entretanto, pode não ser suficiente. O espectro da disrupção externa será ainda maior se você parar logo nos estágios construtivos/defensivos.

Questão 8: O Blockchain Como o Novo Banco de Dados

O blockchain como um banco de dados é um tema recorrente neste livro, então você pode ter tantos desenvolvedores especialistas em blockchains quanto tem de bancos de dados. Saber quando usar o banco de dados tradicional e quando usar o blockchain será importante, e saber como otimizar suas operações será ainda mais importante.

Questão 9: Plataformas Blockchain

Em 2016, estamos vendo muitas peças e escolhas, e a "montagem manual" ainda é requerida. Podemos estar em estágios similares àquele em que estivemos quando tivemos que construir páginas web escrevendo código HTML, página por página. Os blockchains que saíram da caixa serão uma evolução bem-vinda, apesar de o blockchain como um serviço ser um passo nessa direção.

Questão 10: Como Aprender

Você pode utilizar uma abordagem proativa de ensinar vários departamentos sobre a tecnologia blockchain ou pode esperar até que o mercado ensine todo mundo. Se não houver urgência, provavelmente significa que você não teve tempo para entender todo o potencial do blockchain ou que o blockchain não está sendo conduzido pela pessoa certa, cujo trabalho será iluminar as partes necessárias nas várias unidades de negócios.

Questão 11: Provas de Conceito Dead-end versus End-to-end

As Provas de Conceitos (POCs) são populares em algumas grandes empresas como uma maneira de molhar os pés em uma nova tecnologia sem se molhar inteiro. Mas há o risco de ser uma experiência tímida que não mostra compromisso, e elas podem chegar a morrer porque nem sempre permitirão que você veja os benefícios em potencial. É melhor implementar pequenos projetos de blockchain end-to-end nos quais você possa ver resultados e um ciclo completo de uso com usuários reais. Dito isto, as POCs podem ser usadas para diminuir o portfólio de projetos comprometidos, mas você precisa ir além.

Questão 12: Processo versus Tecnologia de Negócios

Já argumentei muitas vezes que a implementação do blockchain é 80% sobre mudanças no processo de negócios e 20% sobre entender a tecnologia por trás dele. É claro, isso assume que você tem ambição o suficiente para entender as dificuldades para mudar os processos dos negócios. Se você pensa que a tecnologia blockchain não está pronta ainda, ou tem alguma fraqueza que pode ser resolvida mais tarde, então use seu tempo para começar o processo de reengenharia de seu negócio, e quando terminar, a tecnologia estará pronta.

Questão 13: Saturação dos Casos de Uso

Fazer o brainstorming para encontrar casos de uso é bom para um ponto de partida, mas não é suficiente. O risco é pensar que casos de uso são descartáveis. Você os testa, e se não gostar, os joga fora. Eles podem ou não levar a alguma coisa. O termo "caso de uso" assume que alguma coisa tem que se encaixar nos processos existentes, então a barra não está alta o suficiente para fazer mais escolhas difíceis que vão além do óbvio e geram descobertas de inovação em potencial. A próxima seção aborda como pensar sobre o blockchain como algo inovador.

ESTRUTURA DE TOMADA DE DECISÃO

Com frequência, a primeira questão que vem à mente é: "Qual problema o blockchain está resolvendo?". É uma questão boa, mas limitadora, porque assume que o blockchain apenas resolve problemas conhecidos.

E se ele pudesse criar novas oportunidades, em vez de resolver problemas existentes? Você precisará de um pensamento diferente para ir nessa direção. A internet começou resolvendo problemas específicos sobre os quais o mercado mundial estava reclamando, mas ela nos forneceu o comércio eletrônico como uma nova versão de mercado global. Se perguntasse aos jornais, eles não pensariam que teriam problemas, mas a internet desafiou seu setor. A mídia social não era uma solução para um problema, mas uma melhoria nas relações humanas.

Poderíamos caracterizar o impacto do blockchain em três categorias:

1. Resolver Problemas
2. Criar Oportunidades
3. Aplicar Capacidades

Resolvendo Problemas

A categoria "problemas" vem em uma variedade de tipos. Ela força o pensamento sobre a compreensão de aplicações imediatas que poderiam impactar:

Economia: Back-office? Middle-office? Serviço para o consumidor?

Produtividade: Maior processamento?

Eficiência: Processamento mais rápido? Viabilizador de compliance/acompanhamento?

Atrasos: Liquidações mais rápidas? Decisões mais rápidas?

Qualidade: Menos erros? Mais satisfação?

Resultados: Crescimento de receitas? Aumento de lucros?

Risco: Menos fraudes? Menos exposição?

Apesar de essa não ser uma lista de "problemas" no sentido mais puro da palavra, é uma lista de parâmetros de negócios fundamentais que qualquer organização deseja simplificar. Nesse caso, o blockchain é um capacitador invisível que não muda muito para quem olha de fora. Ao contrário, é mais uma caixa-preta interna que faz algo melhor do que antes.

Espero que você esteja convencido de que é limitador somente perguntar qual problema o blockchain resolve. Por exemplo, se você olhar para a inovação das startups de FinTechs relacionadas a bancos, verá vários casos nos quais essas empresas não resolveram um "problema" que os bancos tinham, mas, diferentemente, atingiram um mercado ou serviço específico. Então o ponto de inflexão foi competir reestruturando a oportunidade, com o empréstimo de peer-to-peer, por exemplo, ou financiamentos não convencionais, ciclos de aprovação super-rápidos, investimentos eficientes através de robôs, e assim por diante.

Criando Oportunidades

É mais difícil descobrir oportunidades porque requer aplicar inovação, ser criativo e fazer mudanças profundas. Esses são objetivos mais difíceis de se atingir porque os processos de mudança de negócios estão envolvidos e demora para mudá-los. Resumindo, o blockchain é 80% mudanças de processos de negócios e 20% implementação da tecnologia.

A criação de novas oportunidades inclui entrar em novos mercados e/ou fornecer novos serviços que o blockchain viabiliza e que não eram possíveis anteriormente. Isso requer um processo mais imaginativo de sonhar o que é possível e o que não havia sido feito antes. Requer que se pense fora da caixa, e um profundo entendimento do que o blockchain pode viabilizar nas áreas para as quais é fortemente adequado.

Novas Oportunidades de Serviços:

- Novos Intermediários
- Novas Redes
- Novos Mercados

- Novas Entidades de Liquidação
- Novas Autoridades

Essas novas oportunidades também poderiam se desenvolver como novos mercados em três lugares: dentro de sua organização, colaborativamente entre duas organizações ou mais, ou em áreas totalmente novas que inicialmente não interajam com processos internos. Indiscutivelmente, pode ser que não seja mais fácil lidar com qualquer coisa feita do lado de fora, porque você não está ligado inicialmente aos requisitos de integração com seus sistemas principais.

- **Dentro:** Podemos atrair novos segmentos de consumidores?
- **Fora:** Podemos entrar em um novo mercado fora de nossa essência?
- **Colaborativa:** Há um espaço vazio com o qual podemos colaborar?

Aplicando Capacidades

A terceira categoria de pensamento envolve a aplicação das capacidades do blockchain a partir do zero.

Nesses casos, um profundo entendimento sobre as capacidades do blockchain o levará a descobrir ideias de implementação para seu próprio negócio. É muito mais fácil para alguém entender o blockchain do que para uma pessoa do blockchain entender o negócio de alguém.

Eis uma lista das capacidades genéricas que o blockchain possibilita:

- Repensar intermediários
- Unir serviços
- Separar serviços
- Novos fluxos de valor

- Governança descentralizada
- Novas estruturas legais
- Rodar contratos inteligentes no blockchain
- Compartilhar um registro distribuído
- Criar e emitir ativos digitais
- Embutir regras de confiança em transações e interações
- Marcador temporal
- Implementar assinaturas digitais
- Autenticar dados/documentos para produzir provas
- Criar registros de um processo, evento ou atividade de um negócio
- Verificar a autenticidade de dados/propriedades/documentos/ativos
- Confirmar a autenticidade de transações
- Garantir que as condições contratuais sejam atendidas
- Reconciliar contas
- Finalizar acordos financeiros
- Embutir identidade digital em aplicações
- Providenciar garantia ou serviços de custódia
- Possibilitar coisas inteligentes para transações seguras

Por exemplo, você não pode comparar diretamente o blockchain a um banco de dados e dizer: "o banco de dados faz isso melhor, então você não precisa das transações blockchain". O blockchain é um novo paradigma. Continue rodando contratos inteligentes em um blockchain e se pergunte o que ele possibilita, então trabalhe de trás para a frente para uni-lo de volta a seu negócio.

Ao olhar para sua estratégia blockchain, você precisa resolver os três elementos em paralelo: resolução de problemas, descoberta de oportunidades e aplicação de capacidades. Essa é a trindade do bom senso para uma estratégia organizacional de blockchain.

PRINCIPAIS IDEIAS DO CAPÍTULO SEIS

1. Gerenciar uma estratégia blockchain requer esforço e liderança.

2. A abordagem do "Czar do Blockchain" é um método efetivo para melhorar e coordenar esforços em grandes organizações.

3. Uma implementação blockchain terá um número de novos componentes estruturais e funcionais que precisam trabalhar em harmonia.

4. Empresas precisarão decidir quais abordagens de implementação escolher, baseadas em suas próprias competências e na escolha de parcerias externas.

5. Você não deveria ver o blockchain como uma tecnologia para resolver problemas. Ele é uma tecnologia que permite que você inove e almeje novas oportunidades.

BLOCKCHAIN PARA NEGÓCIOS [153]

NOTAS

1. Ira Magaziner. Disponível em: <https://en.wikipedia.org/wiki/Ira_Magaziner> (conteúdo em inglês).

2. "List of U.S. executive branch czars". Disponível em: <https://en.wikipedia.org/wiki/ List_of_U.S._executive_branch_czars> (conteúdo em inglês).

3. MaidSafe. Disponível em: <http://maidsafe.net/> (conteúdo em inglês).

A DESCENTRALIZAÇÃO COMO FUTURO

"Tudo é difícil antes de ser fácil."
— THOMAS FULLER

UMA TECNOLOGIA DESCENTRALIZADA (o blockchain) gerará um mundo descentralizado.

Se você pensa que a função do blockchain é apenas se infiltrar em sistemas de empresas e substituir intermediários, pense novamente. Esse era só o começo. A *raison d'être* do blockchain é nos capacitar a imaginar um mundo novo bastante descentralizado.

Descentralização não significa anarquia ou atos ilegais. Significa que um usuário está mais empoderado e menos restringido. Implica que muitos contribuintes e muitos líderes estejam trabalhando em harmonia. Não é nem comunismo nem uma versão de ficção ciberpunk. A descentralização melhora o capitalismo ao criar novas camadas de produção de emprego e valor.

É certo que um blockchain moverá valores. Mas vá adiante e imagine múltiplos blockchains interagindo uns com os outros, todos trocando valor, e você será levado a uma composição de efeitos de rede, potencialmente mais significantes do que a geração anterior. Será equivalente a uma grande sobreposição de serviços descentralizados abertos e acessíveis a todos.

Talvez os blockchains nos guiarão a uma visão não tão utópica do ganhador do Prêmio Nobel, economista e filósofo Friedrich Hayek. Ele acreditava que o caminho para uma economia — e uma sociedade — funcional era a descentralização, e disse que uma economia descentralizada complementa a natureza dispersa da informação na sociedade.[1]

O QUE ACONTECEU COM A INTERNET DESCENTRALIZADA?

Vamos nos lembrar da visão que queríamos ter da internet. Era muito mais sobre abertura na descentralização e distribuição de serviços, com atas de controle nos centros. Na aurora da vida da internet, em 1994, Kevin Kelly escreveu em seu livro *Out of Control* (*Fora de Controle*, em tradução livre) três comentários importantes para lembrar:

A rede é o ícone do século XXI.

O ícone da rede não tem um centro — é um monte de pontos conectados a outros pontos.

Uma organização descentralizada e redundante pode ser flexível sem distorcer sua função e, assim, se adaptar.

Não é sem razão que Tim Berners-Lee, o inventor da web, teve uma iniciativa, a Web We Want,[2] para reivindicar alguns dos objetivos originais da web. Notas da comunidade de Berners-Lee e do site:

Estamos preocupados com o número crescente de ameaças à existência da web aberta, tais como censura, vigilância e concentrações do poder.

A web que conduz o progresso e conhecimento econômico é aquela em que qualquer um pode criar sites para compartilhar cultura e informações. É na web que novos negócios florescem, transparência dos governos é uma realidade, e cidadãos documentam injustiças.

Uau! O que Kevin Kelly e a Web We Want estão dizendo é música para os ouvidos dos que hoje acreditam que uma internet mais descentralizada pode nos direcionar a um futuro melhor.

Se você está contente com a web hoje, pare e pense por um minuto se você está feliz com essa situação. A Web We Want observa: *Milhões de blogs e sites de spam são visitados por robôs para ganhar dinheiro com ads. Mesmo sites de qualidade estão tão carregados com ads automatizados e rastreadores que usar um ad blocker é a única maneria responsável de navegar na internet. Todo clique é monitorado e monetizado, e somos forçados a consumir mais e mais conteúdo repetitivo.*

O que aconteceu com a web que era para ser um bem público?

O blockchain simboliza uma mudança no poder, dos centros para as bordas das redes. Essa é uma visão que romanceamos no início da internet, mas uma "redescentralização" da web poderia realmente ocorrer desta vez.

Alguns veem o mundo preso por autoridades centrais de controle da confiança. Outros o veem mais democratizado, agradável e confiantes em novos modelos de governança que possuem um equilíbrio melhor entre o controle do centro e da margem. O blockchain favorece esse equilíbrio e o possibilita crescer.

Esqueça a internet por um minuto e veja como reagimos à crise financeira de 2008. A resposta natural dos legisladores foi apresentar mais regulamentações. Os regulamentadores norte--americanos, europeus e asiáticos ditaram uma consolidação de agências de regulamentações, resultando em mais centralização do pós-negócio nos mercados de derivativos, reduzindo a fiscalização a um único ponto de fracasso. As provisões mandatórias de financiamento da contraparte central de Dodd-Frank[3] eram uma política pesada, que na verdade amplificou o risco sistêmico, em vez de reduzi-lo. Como resultado, entidades de liquidação centrais tornaram-se uma nova classe de instituições "muito grandes para fracassar", enquanto que, ironicamente, elas já foram mais bem distribuídas.

Em um artigo de 2012 do *New York Times* intitulado "Stabilization Will not Save Us", Nassim Nicholas Taleb, autor de *Antifrágil* e *A Lógica do Cisne Negro*, opinou: "Em sistemas descentralizados, os problemas podem ser resolvidos ainda quando são pequenos".[4]

Realmente, a web não somente foi "assaltada" com muitos gargalos, mas também os regulamentadores supostamente continuam a centralizar os controles para diminuir os riscos, enquanto que o oposto deveria ser feito.

NÃO É FÁCIL SER DESCENTRALIZADO

O iTunes da Apple é um mercado tipicamente centralizado. Se fosse descentralizado, a Apple não cobraria 30% de comissão nas vendas. Em vez disso, os editores dos apps poderiam espalhar sua distribuição e custos de marketing de uma maneira descentralizada, e a Apple não mereceria 30% para bloquear o acesso e pontos de busca. É claro, esse é um cenário hipotético, mas o importante é que o valor está na borda da rede, e não no centro.

Tecnicamente falando, pesquisa e descoberta não são funções centrais específicas, e a mesma experiência poderia ser transmitida de uma maneira distribuída. Nada acontece sem usuários que adicionam valor, então por que não recircular uma parte daquele valor de volta para a rede para torná-la mais forte? Novas aplicações descentralizadas estão sendo construídas no blockchain, e elas não requerem uma estrutura de aplicações de loja central.

Não é fácil se tornar descentralizado se não foi planejado dessa maneira. Mas é mais fácil se começar sendo descentralizado desde o início, como uma rede, plataforma, serviço, produto, moeda ou comércio.

COMO SERÁ A DESCENTRALIZAÇÃO

Era comum que nada acontecesse sem autoridades centrais, poderes centrais, regulamentações centrais ou aprovações centrais. Com a descentralização, o jogo virou. Muita coisa acontece nas bordas e nos nós perto da periferia da rede.

O conceito de "operações centrais" está aniquilado porque talvez ele não exista. Um protocolo descentralizado (como o Open-Bazaar para o comércio) viabiliza operações descentralizadas nas bordas da rede, e é aí que a atividade e o valor residem.

É completamente possível construir um sistema no qual o valor começa com os usuários que são a chave em um organismo descentralizado. Se os usuários se beneficiam, então a rede se beneficia coletivamente, respingando nos seus criadores originais.

Com a descentralização, você não precisa instalar um centro primeiro. Você primeiro instala uma plataforma que permita que a rede floresça onde o "centro" (usado figurativamente) da atenção está, e interconecta nós da atividade entre usuários periféricos. Então você constrói seu modelo de negócios nos ombros da construção inicial. Por exemplo, o que costumava ser uma opção paga na antiga versão pode ser livre na versão descentralizada, mas você terá a oportunidade de criar novos métodos de monetização que são mais orgânicos para a descentralização.

Não deveríamos comprometer o conceito de descentralização ao escolher quais de suas características adotar e quais rejeitar, porque essa abordagem o enfraqueceria.

Há uma certa mágica que ocorre quando você está rodando uma lógica de negócios em uma camada de consenso descentralizada que não é controlada por uma única entidade, mas é propriedade conjunta e operada por várias partes que se beneficiam coletivamente dessa combinação. Há uma mágica quando você entende os pontos do blockchain em seu negócio e começa a oferecer novas experiências de usuário que não existiam antes.

Essas novas áreas incluirão bancarizar sem bancos, apostar sem casas lotéricas, transferir títulos sem autoridades centrais, comércio eletrônico sem o eBay, registros sem fiscalização governamental, armazenamento sem o Dropbox, serviços de transporte sem o Uber, computação sem Amazon Web Services, identidades online sem Google, e essa lista continuará aumentando. Escolha qualquer serviço e acrescente "sem a autoridade central anterior", substituindo por "rede peer-to-peer baseada na confiança", assim você começará a imaginar as possibilidades.

As características gerais dos serviços descentralizados incluem:

- Velocidade nos acordos
- Sem camadas intermediárias
- Identificação e reputação iniciais
- Estrutura plana, sem despesas
- Acesso de usuários sem permissão
- Resiliência contra ataques
- Sem censura
- Sem pontos centrais de fracasso
- Decisões de governança por consenso
- Comunicação peer-to-peer

A CRIPTOECONOMIA

O que começou como um Bitcoin, a pequena criptomoeda que chamou nossa atenção, está nos levando a uma multiplicidade de negócios e implementações em blockchain. Indo adiante, está se metamorfoseando em algo maior: uma economia guiada pela criptotech com oportunidades de criação de valor, como a própria economia da web.

Bem-vindo à criptoeconomia.

Ao contrário do que está visível hoje, essa criptoeconomia não nascerá na tentativa de assumir o sistema de economia atual, nem na espera de que consumidores transfiram suas economias para carteiras de criptomoeda. Ela emergirá na criação de sua própria fortuna, validando novos tipos de serviços e negócios que vão além de transações monetárias.

A criptoeconomia é parte da próxima fase da evolução da internet: a era da descentralização.

Para entender como os mercados de blockchain baseados em criptomoeda podem nos levar a essa nova fronteira, vamos revisitar as relações entre dinheiro, valor, direitos, pagamentos e rendimentos no contexto da criptomoeda. Disso, vamos responder a duas questões básicas:

- O que é o dinheiro?
- Qual é o propósito do dinheiro?

Dinheiro é uma forma de valor. Mas nem todo valor é dinheiro. Poderíamos dizer que o valor está em uma hierarquia mais alta do que o dinheiro. No mundo digital, uma criptomoeda é o dinheiro digital perfeito. O blockchain é uma plataforma de troca perfeita para valor digital, e roda na internet, a maior rede conectada do planeta. A combustão resultante é espetacular: valor digital que se movimenta mais rápido, livremente, eficientemente e de maneira mais barata. É por isso que chamamos o blockchain de uma nova rede de "troca de valores".

O propósito do dinheiro é pagar por algo que tem valor. Tipicamente, você paga para obter "direitos" para possuir ou usar algo.

A criptomoeda, por causa de seus aspectos programáveis, incorpora informações digitais que habilitam outras capacidades. Quando você "paga" com criptomoeda, essa transação pode incluir direitos adicionais de confiança, tais como propriedade, informação, custódia, acesso ou voto.

Assim, o blockchain habilita uma nova forma de metatransação na qual o *valor é representado pelo que ele desbloqueia no fi-*

nal da transação, não somente por um valor monetário intrínseco depositado em uma conta estática. Parece uma funcionalidade de mercado de capitais que permite a troca de um número ilimitado de elementos com valor não regulado, diferente de ativos financeiros, que são regulados. E é mais distribuído, mais descentralizado e mais ativo no sentido de que sua "carteira" pode iniciar ações que estão diretamente conectadas com o mundo real.

Por exemplo, você poderia começar ganhando token de criptomoeda ao compartilhar seus dados de direção do automóvel por meio de um app (como o La'Zooz, para transporte). No dia seguinte, você poderia pegar carona com um outro motorista do La'Zooz, e os tokens que você recebeu seriam automaticamente deduzidos para pagar pela carona.

Nesse caso, não houve troca de dinheiro real, e não houve pagamento. Em vez disso, houve ganho passivo de criptomoeda (apenas dirigindo), fornecimento de direitos de informação ao motorista (que você era um passageiro legítimo com uma boa reputação), fornecimento de serviço (ser levado a algum lugar), confirmação de outros direitos para você (que o motorista era confiável) e troca de valor (criptomoeda) em configurações reais e virtuais combinadas. Esse é um excelente exemplo na categoria "difícil" em aplicações relacionadas ao blockchain, porque muitas variáveis e condições de mercado precisam existir para que esse ecossistema de troca de valores também exista. (É por isso que o serviço do La'Zooz ainda não foi lançado, quase dois anos depois de seu início.)

Com sorte, veremos exemplos adicionais de troca de valores quando você *estiver sendo pago para compartilhar informações que levam a uma oportunidade de transação.*

La'Zooz é o modelo arquetípico de criptoeconomia que cria sua própria microeconomia com um mercado líquido de troca de valor entre produtores e consumidores. Seguindo o exemplo desse modelo de operações, o blockchain pode habilitar a criação de mercados de criptomoeda, uma característica importante que vai além da implementação incompleta do blockchain como simplesmente um "registro distribuído".

Isso criará um *novo movimento de escolhas para a criação de valor*, além do que as moedas tradicionais possibilitam. *Como chegamos lá?* Com a habilitação máxima das tecnologias, começamos a duplicar velhos hábitos, geralmente fazendo o mesmo processo mais rápido ou mais barato. Então, começamos a inovar fazendo coisas de forma diferente, e aplicando novas ideias que não enxergamos antes. Da mesma maneira, a internet decolou assim que começamos a programá-la com "aplicações web", exatamente o mesmo caminho da revolução criptotech.

Isso nos leva à nossa próxima questão desse quebra-cabeça: *como criamos novo valor?*

Você cria valor rodando serviços do blockchain.

Os serviços do blockchain serão bem-sucedidos com a criação de um novo ecossistema (como a web fez), e ele ficará mais forte a cada dia.

Há um precedente para o que já está acontecendo no ciberespaço. Com a internet, tivemos comércio, negócios, serviços, mercados eletrônicos, e depois a web social chegou em redes sociais de grande escala. Cada um desses segmentos criou sua fortuna.

Até agora não há uma segmentação clara no campo emergente dos "serviços blockchain", mas eles estarão na forma de serviços nos quais um componente de confiança é armazenado no blockchain (identidade, direitos, membros, propriedades, voto, marcas temporais, atribuição de conteúdo), serviços nos quais um componente contratual é executado no blockchain (apostas, confiança de família, garantia, entrega de prova de trabalho, doações, prova de apostas, prova de conformidade), mercados descentralizados peer-to-peer (como OpenBazaar e La'Zooz) e Organizações Autônomas Distribuídas (DAOs), cujas governanças e operações rodam no blockchain.

O que é comum entre esses serviços blockchain? Eles rodam em um blockchain, podem se multiplicar e crescer sem controle central e são carregados com criptomoeda. A criptomoeda é como um combustível; ela é coletada em parte como um pedágio, em parte como um ganho pela participação de usuários e daqueles que fornecem esses serviços. Você pode começar a ver como as criptomoedas são geradas de criptosserviços para instigar uma nova economia de criação de riquezas.

Com o tempo, haverá uma massa crítica de usuários com saldos significativos de criptomoeda em suas contas, e mais benefícios virão. Só então a criptoeconomia pode dizer que fez rombos potenciais no sistema financeiro atual, em contraste com o paradigma "uma nação, uma moeda".

UM NOVO FLUXO DE VALOR

O blockchain capacita um novo "fluxo de valor", um conceito relacionado ao trabalho de Michael Spence, Prêmio Nobel em Economia de 2001,[5] sobre como as tecnologias digitais transformam as cadeias de valor global com o fluxo dinâmico de informação.

Michael Spence observou que economias emergentes estavam crescendo em níveis nunca antes vistos, primeiramente devido ao efeito capacitador de uma economia global maior. Ele indicou a aceleração no fluxo de conhecimento, tecnologia e aprendizado como sendo o principal link para a aceleração em seu crescimento.

Temos uma situação semelhante relacionada ao que o blockchain está capacitando. A emergência de uma nova criptoeconomia global terá características de crescimento similares às da economia global: deixará seus atores participarem de grandes mercados e ganharem acesso ao conhecimento, à tecnologia e à prática.

O blockchain é o mais recente nivelador de valor digital, pois tem impacto e mudanças de valor no criptoespaço e em espaços físicos. O blockchain move o poder de transação para mais perto dos indivíduos, e os permite se alinhar com uma aplicação ou organização descentralizada, e começar a gerar ou mover seu próprio núcleo de criptovalor. Outro benefício desse fenômeno é aumentar a economia distribuída conforme funde (cripto) capital e trabalho com ambientes de mercado móveis e de localização desconhecida.

Estamos no início da compreensão do movimento, distribuição e criação de um "valor" fora das normas tradicionais de moeda, commodity e propriedade como os principais veículos para transferência de valor e apreciação. Uma nova fronteira nascerá.

COMO A TECNOLOGIA SE ESPALHA

É hora de olhar na bola de cristal e predizer o futuro do Bitcoin, dos blockchains, da criptomoeda, das aplicações descentralizadas e de protocolos e plataformas criptografados. Todas essas atividades fazem parte do que eu chamo de criptotech, um paralelo da infotech, que é tudo que se relaciona a tecnologias da informação.

Em um nível macro, o futuro da criptotech poderá não se desdobrar tão diferentemente de como a internet fez. Do ponto de vista de final de jogo, mais de 20 anos depois, a internet gerou impacto nestas quatro dimensões:

1. Novas empresas surgiram apenas na internet e introduziram novos comportamentos no usuário.

2. Organizações existentes (e governamentais) adotaram a internet em suas operações.

3. Algumas indústrias foram ameaçadas ou transformadas conforme a internet as modificou radicalmente ou prejudicou.

4. O desenvolvimento de softwares baseados na web se tornou uma tecnologia para qualquer desenvolvimento de aplicações de software.

BLOCKCHAIN PARA NEGÓCIOS [165]

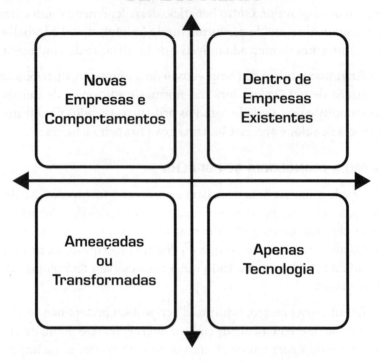

Daqui a dez anos você poderá substituir a palavra internet por criptotech, assim como: 1) novos gigantes de criptotech emergirão depois de serem startups; 2) organizações e governos adotarão novas soluções; 3) indústrias (e algumas empresas) serão ameaçadas e afetadas; e 4) o desenvolvimento por meio da criptotech se tornará parte do dia a dia de desenvolvimento de software.

Como chegaremos lá? Vamos dar uma espiadinha em 2025.

DANDO UMA ESPIADINHA EM 2025

Há uma longa lista de previsões para o restante dessa década e início da próxima. Vamos descrever as possibilidades que o blockchain fornecerá.

Novas Empresas & Comportamentos

- A identidade e a reputação online serão descentralizadas. Possuiremos os dados que nos pertencem.
- Vamos autogerenciar nossas reputações online e, conforme interagimos com várias pessoas ou negócios, apenas os dados relevantes serão revelados a eles.
- Bancos exclusivos de criptomoeda emergirão, oferecendo uma variedade de serviços financeiros baseados em moedas virtuais.
- Mercados de previsão descentralizados se tornarão dominantes e oferecerão previsões frequentes e críveis.
- Organizações Autônomas Distribuídas (DAOs) serão viáveis, com operações autogovernadas e criação de valor gerada pelo usuário que se ligam diretamente a serviços e ganhos financeiros.
- Comércio espontâneo e confiável acontecerá entre pares, sem intermediários centrais e com pouco ou nenhum atrito.
- Distribuição e atribuições de conteúdo serão assinadas no blockchain de maneiras irrefutáveis.
- A autenticidade de propriedade será facilmente verificável tanto para ativos digitais quanto para produtos físicos.
- Carteiras digitais ou de hardware serão dominantes ou embutidas em smartphones e dispositivos portáteis.
- Microtransações serão rotina, feitas tão facilmente quanto dar gorjetas na vida real.
- Serviços de registro para ativos existirão e se tornarão mais rotineiros do que visitar autoridades físicas.

- Qualquer um será capaz de implementar a lógica de negócios e acordos entre outras pessoas e facilmente aplicá-las nos blockchains.

- Serviços nos quais os usuários ganham criptomoeda por efetuar tarefas rotineiras crescerão em popularidade.

- Os blockchains se tornarão grandes repositórios de informações semiprivadas, reveladas apenas quando duas ou mais partes concordam em divulgá-las.

- Remessas globais serão efetuadas rotineiramente de smartphones ou computadores tão facilmente quanto enviar um e-mail.

- Os usuários tocarão na tecnologia blockchain sem nem sequer saberem de sua existência, assim como usam bases de dados.

- Novas redes de liquidações financeiras desafiarão as existentes.

- Representações digitais de qualquer commodity ou ativos (como ouro, prata, diamantes) serão negociadas nos blockchains, de qualquer lugar do mundo.

- Haverá dúzias de moedas virtuais comumente usadas que serão consideradas dominantes, e o valor total de mercado excederá 5 trilhões de dólares e representará 5% dos 100 trilhões de dólares da economia em 2025.

Dentro de Empresas Existentes

- Registros médicos serão compartilhados instantaneamente, com segurança e permanentemente entre pacientes e médicos. Eles serão atualizados rotineiramente, de maneira descentralizada, de locais e agentes de saúde seguros e confiáveis.

- Questões relacionadas a governanças legais obrigatórias serão facilmente implementadas por times distribuídos.

- O voto remoto será confiável, mesmo em níveis nacionais, em eleições políticas legais.

- Trocas comerciais (estoques, commodity, instrumentos financeiros) adotarão serviços de confiança baseados em blockchains para validar transações e simplificar suas atividades de mercado.

- A maioria dos bancos terá suporte a transações de criptomoeda rotineiras bidirecionais (entre moedas tradicionais e criptomoedas).

- A maioria dos comerciantes aceitará a criptomoeda como uma opção de pagamento.

- Contabilidade, contas e pacotes financeiros incluirão a criptomoeda nas escolhas padrões, incluído a criptoequidade.

- Bens digitais serão rotineiramente carimbados por sua autenticidade original. Os usuários terão visibilidade em produções globais ao parearem com a transparência de cadeias de suprimentos. Saberemos detalhes da proveniência de uma variedade de produtos, garantindo sua autenticidade, qualidade e origens.

Ameaçados ou Transformados

- Qualquer negócio que não combine suas informações do mundo real em um blockchain, como os espelhos da web e extensões de um negócio existente nos mundos online e móvel.

- Entidades de liquidação com alta latência, taxas e muita centralização do risco.

- Qualquer corretor/negociante que não ofereça transferências e trocas de ativos blockchain.

- Credores centrais que não evoluam em como emprestar dinheiro.

- Bancos que não adotem as criptotecnologias.

- Serviços governamentais que não oferecem opções remotas, tais como registros, manutenção de registros, licenças e identificações.
- Cartórios que não podem operar virtualmente com documentos criptograficamente seguros.
- Qualquer um que esteja no poder de emitir contratos, assinaturas, garantias, créditos, certificações, arbitragem, marcas registradas, licenças, provas de propriedade, testamentos e outros registros privados.

Apenas Tecnologia

- Protocolos de consenso descentralizados se tornarão parte de qualquer implementação de tecnologia, tanto no âmbito privado quanto no público.
- Tecnologias comumente usadas incluirão Distributed Hash Tables (DHT) e o InterPlanetary File System (IPFS).
- Bancos de dados de armazenamento de chaves de valor serão mais usados.
- Navegadores especiais terão a capacidade de pareamento com blockchain.
- Linguagens de contratos inteligentes se proliferarão.
- A escrita de aplicações descentralizadas se tornará tão popular quanto a escrita de aplicações web hoje.
- Protocolos de código aberto serão usados e suportarão a criação de novos serviços e produtos.
- Rodar lógica de negócios que contenham confiança e verificação de componentes será "plug and play" no sentido prático.

- Camadas de bases descentralizadas peer-to-peer serão comuns em armazenamento de dados, infraestrutura computacional, identidade e reputação.
- A confiança descentralizada será relegada à rede e embutida nas aplicações, em vez de ser controlada por intermediários.
- Cursos universitários em Criptografia e Teoria dos Jogos se popularizarão.
- Formas mais descentralizadas de computação em nuvem emergirão.

Isso tudo vem com uma advertência de uma importante lição que aprendi durante a explosão ponto-com da internet, no ano 2000.

A velocidade mata.

A velocidade para popularizar o que o blockchain pode fazer acabará por descarrilhá-lo, nos colocando à frente da realidade. Esse tipo de desconexão é garantia de desapontamento para aqueles que esperam benefícios mais rápido do que é possível.

Dito isso, de acordo com o modelo de Carlota Perez[6] que explica como a revolução tecnológica se desdobra, talvez não haja como escapar do fato de que uma explosão ocorrerá em algum momento entre a fase de instalação do blockchain (2015–2018) e sua fase de implementação (2018–). Carlota Perez é uma acadêmica conhecida que pesquisou o conceito da mudança de paradigma tecnoeconômica e a teoria das grandes ondas. Isso significa que, se Carlota Perez estiver certa, provavelmente trocaremos os pés pelas mãos com exuberância na fase de instalação, antes de navegarmos tranquilamente em uma fase de implementação próspera.

PRINCIPAIS IDEIAS DO CAPÍTULO SETE

1. Os blockchains não servem somente para empresas. Eles também permitem a descentralização e, por fim, a criação de uma nova criptoeconomia, similar à economia web, com a qual estamos familiarizados.

2. Chegar à descentralização é mais fácil se você começar do zero. É mais difícil fazer a transição de serviços centralizados para descentralizados.

3. Os mercados de criptoeconomia existirão, e eles criarão sua própria riqueza e sistemas econômicos, nos quais os participantes serão pagos para fornecer valor que leva a uma oportunidade de transação.

4. O blockchain possibilita um novo fluxo de valor, viabilizando o surgimento de uma criptoeconomia global e a criação de grandes oportunidades de mercado, nas quais o valor será cambiável entre o criptoespaço e os espaços físicos.

5. A tecnologia blockchain permeará nossa economia, criando novos atores, ameaçando outros e forçando a mudança em organizações estabelecidas que querem sobreviver.

BLOCKCHAIN PARA NEGÓCIOS [173]

NOTAS

1. The Use of Knowledge in Society, F.A. Hayek. Disponível em: <http://www.kysq.org/docs/Hayek_45.pdf>, 1945 (conteúdo em inglês).

2. Web We Want. Disponível em: <https://webwewant.org> (conteúdo em inglês).

3. Dodd-Frank Wall Street Reform and Consumer Protection Act, Wikipedia. Disponível em: <https://en.wikipedia.org/wiki/Dodd%E2%80%93Frank_ Wall_Street_Reform_and_Consumer_Protection_Act> (conteúdo em inglês).

4. "Stablization Will not Save Us", Nassim Nicholas Taleb, *New York Times*. Disponível em: <http://www.nytimes.com/2012/12/24/opinion/stabilization-wont-save-us.html?_r=0> (conteúdo em inglês).

5. Michael Spence, Wikipedia. Disponível em: <https://en.wikipedia.org/wiki/ Michael_Spence> (conteúdo em inglês).

6. Carlota Perez, *Technological Revolutions and Financial Capital: The Dynamics of Bubbles and Golden Ages*, Elgar Online, 2002.

EPÍLOGO

NÃO PEDIMOS A TECNOLOGIA BLOCKCHAIN. Ela simplesmente aconteceu. Se você reagiu logo de início, talvez tenha uma vantagem. Se não reagiu, talvez possa mudar a marcha e se tornar proativo. Sendo você um líder ou um seguidor, eventualmente terá que melhorar sua estratégia de blockchain.

A implementação do blockchain ainda é uma nova competência. No entanto, as incertezas não podem ser usadas como uma desculpa para evitar o que tem que ser feito. Todos os envolvidos são pioneiros em uma jornada, e temos a responsabilidade de continuar compartilhando o que estamos aprendendo para que possamos continuar iluminando o caminho para aqueles que estão atrás de nós. Pode ser que demore mais para chegarmos a nossos destinos, mas com certeza ajudaremos os seguidores, e eles nos recompensarão fazendo com que o mercado fique maior e mais fácil de navegar. O futuro sucesso dos blockchains dependerá criticamente de centenas de milhões de pessoas usando-os.

Os blockchains são mais dos que capacitadores de tecnologia para negócios. Eles são instrumentos de mudança política e social. Se deixarmos escapar seu chamado principal, estaremos fracassando na realização de seu potencial máximo.

Um resultado valioso que expusemos é a criptoeconomia emergente, a soma das realizações econômicas resultantes da aplicação do potencial do blockchain. Essa criptoeconomia é uma economia de confiança que é descentralizada desde seu nascimento, tanto política quando estruturalmente; e fornece acesso igualitário e menos barreiras de entrada para todos. Conforme nos preparamos para embarcar na criptoeconomia, ela, sem dúvida, parece imprecisa, nebulosa, insana, arriscada, incerta e não comprovada. Então de repente ela florescerá e crescerá com mais benefícios do que desvantagens.

Apesar de termos explorado o tópico a fundo neste livro, com certeza não exaurimos o assunto. Há muito mais a ser explorado, muito de suas próprias descobertas. Tenho certeza de que os melhores casos e ideias ainda não estão na floresta do blockchain. Há muitas perguntas sem resposta. Qual será seu impacto na economia mundial? Quem serão as Amazons, Googles e Facebooks do blockchain? Qual será o ponto de inflexão? Os reguladores terão paciência ou declararão suas intenções prematuramente? Se o consenso for o martelo, podemos encontrar o prego?

Sua mensagem é simples, mas forte. Que a inovação nos guie. Ele não quer uma web melhor, um banco melhor ou um serviço melhor. Sua sobrevivência dependerá do que você fizer com ele, e não somente com suas características técnicas. Sua adoção será gradual, começando com desenvolvedores e empreendedores de startups, em seguida por pessoas de negócios tecnológicos e organizações que veem a mudança, e então pela sociedade exigindo mudança, chegando finalmente às organizações que antes eram resistentes à mudança.

No meio dessa atividade, há a dicotomia da esperança. As startups são otimistas, e empresas são geralmente céticas. Como resultado de modelos de negócios viabilizados pelo blockchain, alguns intermediários estarão em risco. Sabemos disso. E novos emergirão, talvez entidades virtuais, mais transparentes e distribuídas, nas quais possamos confiar.

Espero que *Blockchain para Negócios* tenha de alguma maneira te inspirado e guiado. Se você gostou, te convido a explorar mais sobre como repensar a confiança, a riqueza e a informação no meu próximo livro, *Centerless* (Descentralizado, em tradução livre). A nova era da descentralização logo chegará a nós.

Os blockchains não nos restringem. Ao contrário, eles nos garantem novos níveis de liberdade e permitem que programemos nosso mundo neles, como quisermos.

Os blockchains serão a melhor nova ferramenta da década.

BIBLIOGRAFIA

Buterin, Vitalik. "Ethereum and Oracles." *Ethereum Blog*. 2014. https://blog.ethereum.org/2014/07/22/ethereum-and-oracles/.

Chaum, David, Debajyoti Das, Aniket Kate, Farid Javani, Alan T. Sherman, Anna Krasnova, and Joeri de Ruiter. "cMix: Anonymization by High-Performance Scalable Mixing." *Cryptology ePrint Archive*. 2016. http://eprint.iacr.org/2016/008.pdf.

Chaum, David. "Anniversary Keynote Address Speech, Financial Cryptography and Data Security 2016." *Vigésima Conferência Internacional*. 22–26 de fevereiro de 2016.

"Elements Project, Blockstream." *GitHub*. 2015. https://github.com/ElementsProject.

"Embracing Disruption: Embracing Disruption: Tapping the Potential of Distributed Kedgers to Improve the Post-trade Landscape." *DTCC*. Janeiro de 2016.

Giancarlo, J. Christopher. "Regulators and the Blockchain: First, Do No Harm." *Special Address of CFTC Commissioner Before the Depository Trust & Clearing Corporation*. Simpósio Blockchain. 29 de março de 2016.

Hammer, Michael; James Champy. *Reegenheria: revolucionando a empresa*. São Paulo: Elsevier, 1993.

Kelly, Kevin. *Out of Control: The New Biology of Machines, Social Systems, & the Economic World.* New York: Basic Books, 1995.

Mougayar, William; David Cohen. "After the Social Web, Here Comes the Trust Web." *TechCrunch.* 2015. https://techcrunch.com/2015/01/18/after-the-social-web-here-comes-the-trust-web/.

Mougayar, William. *Opening Digital Markets: Battle Plans and Business Strategies for Internet Commerce.* New York: McGraw-Hill, 1997.

_____. "How the Cryptoconomy Will Be Created." *Forbes.* 2015. http://www.forbes.com/sites/valleyvoices/2015/01/20/how-the-cryptoconomy-will-be-created/#388906916787.

_____. "Understanding the Blockchain." *O'Reilly Radar.* 2015. https://www.oreilly.com/ideas/understanding-the-blockchain.

_____. "Why The Blockchain Is the New Website." *Forbes.* 2015. http://www.forbes.com/sites/valleyvoices/2015/12/21/why-the-blockchain-is-the-new-website/#9292bb1ac2ef.

_____. "The Bitcoin and Cryptocurrency Investment Landscape." *Startup Management.* 2014. http://startupmanagement.org/2014/04/10/the-bitcoin-and-cryptocurrency-investment-landscape/.

_____. "An Operational Framework for Decentralized Autonomous Organizations." *Startup Management.* 2015. http://startupmanagement.org/2015/02/04/an-operational-framework-for-decentralized-autonomous-organizations/.

"Open Blockchain Whitepaper." *IBM.* 2016. https://github.com/openblockchain/obc-docs/blob/master/whitepaper.md.

Stanek, Dušan; Marián Vrabko; Markéta Selucká; Vladislav Mičátek; Robert Siuciński. *A Lawyer's Introduction to Smart Contracts.* Łask, Scientia Nobilitat, 2014.

Swanson, Tim. *Great Chain of Numbers: A Guide to Smart Contracts, Smart Property and Trustless Asset Management.* Amazon Digital Services, 2014.

Thomas, Stefan; Evan Schwartz. "Smart Oracles: A Simple, Powerful Approach to Smart Contracts." *Codius.* 2014. https://github.com/codius/codius/wiki/.

Toffler, Alvin. *Powershift: As mudanças do poder.* Rio de Janeiro: Editora Record, 1995.

RECURSOS ADICIONAIS

O Site do Livro The Business Blockchain (em inglês)

THEBUSINESSBLOCKCHAIN.COM

Siga e assine para atualizações, novas pesquisas e eventos relativos a *The Business Blockchain*.

Gerenciamento de Startup (em inglês)

STARTUPMANAGEMENT.ORG

Uma biblioteca contendo mais de 2 mil artigos curados sobre como montar, escalar e gerenciar uma startup; distribuídos pelo site da Harvard Business School Entrepreneurship Insights, no Arthur Rock Center for Entrepreneurship.

Blog do William (em inglês)

STARTUPMANAGEMENT.ORG/BLOG

Blog de leitura obrigatória para seguir os pensamentos de William, atualizações do panorama do setor e pesquisas sobre blockchain, descentralização e startups de tecnologia.

Superagregador OnBlockchains (em inglês)

ONBLOCKCHAINS.ORG

Agregador de notícias sobre blockchain e criptomoedas. Publica diariamente mais de 300 peças de conteúdo de cerca de 180 feeds. O feed mais concentrado de notícias sobre blockchain.

Virtual Capital Ventures *(em inglês)*

VCAPV.COM

Virtual Capital Ventures é uma boutique de fundo de ventura que investe em empresas de tecnologia em estágio inicial, e está baseada em Toronto. A tese do VcapV é investir em aplicações de redes e tecnologia descentralizadas e abertas, que repensam as indústrias e setores por meio da criação de novos intermediários ou protocolos.

SOBRE O AUTOR

WILLIAM MOUGAYAR é parceiro da Virtual Capital Ventures, uma boutique de "venture capital" que investe em empresas de tecnologia em estágios iniciais. Baseado em Toronto, o fundo VcapV é apoiado por alguns dos melhores atores da indústria.

William está na comissão de diretores da OB1, o protocolo de código aberto do OpenBazaar que está iniciando comércio descentralizado peer-to-peer; é conselheiro especial para a Ethereum Foundation, a plataforma líder de tecnologia blockchain; membro da OMERS Ventures Board of Advisors, uma das melhores empresas de especulação de capital do Canadá; membro do conselho do Coin Center, centro de pesquisa e apoio sem fins lucrativos baseado em Washington, D.C., focado em questões políticas sobre as tecnologias de criptomoeda; é fundador da Startup Management e membro da Techstars.

Nos primeiros anos da internet, foi o presidente fundador da CommerceNet Canada, e escreveu dois livros, *Opening Digital Markets* (Mercados Digitais Abertos, em tradução livre) (McGraw-Hill, 1997), e *The Business Internet and Intranets* (Os negócios da Internet e da Intranet, em tradução livre) (Harvard Business School Press, 1997).

William começou e arrecadou dinheiro para três empresas (duas foram vendidas): Engagio, Eqentia e CYBERManagement. A carreira dele inclui quatorze anos na Hewlett-Packard como vendedor sênior e gestor de marketing, dez anos como consultor de gestão independente e líder, e três anos como vice-presidente global de marketing corporativo na Cognizant, em Teaneck, Nova Jersey. Em 2005, foi vice-presidente de TI na Aberdeen Group, em Boston. Ao longo dos anos, foi consultor de inúmeras empresas da Fortune 500, e é palestrante profissional.

William se formou na Universidade de Washington, na Ivey School of Business da Universidade de Western Ontario, e frequentou a Escola de Pós-Graduação em Comércio na University of British Columbia.

E-mail: **wmougayar@gmail.com**

Twitter: **@wmougayar**

ÍNDICE

A

Airbnb, 36
algoritmo, 26
algoritmos, 27, 118
Amazon, 57, 60, 80, 160, 176, 181
anonimato, 53, 55, 56, 63
API, 23, 58, 102, 120, 140, 142, 145
aplicações descentralizadas, 53,
    54, 55, 57, 58, 141, 158, 165, 170
aplicativos blockchain, 8
Apple, 158
ApplePay, 92, 98
ativos, 4, 13, 21, 22, 38, 42, 45, 48
ativos digitais, 15, 41, 49, 78, 110,
    152, 167

B

balanço, 25
banco de dados, 4, 6, 10, 13, 14,
    22, 42, 46, 76, 105, 138
bancos, 13, 32, 33, 47, 53, 70, 76,
    85, 89, 91, 114, 147
Barack Obama, Presidente, 134
base de dados, 22, 25, 26, 31, 45,
    48, 58
Bill Clinton, Presidente, 134

Bitcoin, 2, 4, 5, 6, 11, 15, 19, 20,
    23, 30
BitNation, 121, 128
BlockApps, 145
BoardRoom, 122, 128

C

Cambridge Blockchain, 50, 104
Carlota Perez, 171, 174
carteiras, 49, 96, 105, 161
casamento, 37, 38, 121
CFTC, 107, 179
Chain, 145, 181
Clearmatics, 104, 112, 145
comércio eletrônico, 17, 59, 142,
    149, 160
Compliance, 83
confiança, 3, 6, 12, 17, 18, 24, 26,
    63, 79, 81, 108, 114, 143, 160, 176
conhecimento-zero, x, 51, 54, 76
consenso, 20, 25, 26, 27
ConsenSys, 104, 124
contraparte, 38, 84, 104, 105, 111
contrato inteligente, 20, 44, 46
contratos Ricardianos, 44, 59
convênio médico, 123

criptografia, 11, 12, 13, 20, 26
criptomoeda, 2, 15, 19, 20, 23, 30
crypto 2.0, x, xii, xiii
crypto 3.0, xiii
Czar, 134, 135, 153

D

DAO, 116, 117, 118, 120
Dapps, 57, 58, 59
David Chaum, 55, 64
derivadas, 46
descentralização, 22, 72, 75, 86,
 94, 99, 104, 106
desenvolvedores, 20, 22, 23
DHT, 58, 141, 170
dinheiro, 2, 33, 79, 95, 157
dinheiro digital, xxix, 21, 55, 161
DTCC, 107, 179

E

Economia, 40, 149, 164
em um serviço, 38
energia, 27, 124
Eris, 145
Estônia, 121, 122
Ethereum, 19, 20, 21, 25, 43, 45,
 58, 61, 72, 119, 138, 179

F

Facebook, 49, 50, 51, 176
fluxo de valor, 164, 173
Friedrich Hayek, 156

G

Gavin Wood, 58, 64
George Bush, Presidente, 134

global, 10, 91, 94, 96, 97, 99,
 111, 164
Google, 35, 49, 50, 115, 127
governança, 32, 116, 119, 120, 122
Grid Singularity, 125, 129

I

identidade, 18, 24, 36, 38, 46, 76,
 104, 115, 140, 167
infraestrutura, 38, 39, 56, 59, 71,
 92, 114, 136, 171
inovação, 2, 9, 13, 79, 93, 127,
 148, 176
inteligência artificial, 44, 45,
 117, 118
intermediário, 4, 15, 24, 47, 82, 98,
 127, 151, 176
internet, 4, 5, 6, 108, 114, 132, 185
IPFS, 59, 170
Ira Magaziner, 134, 154

J

James Champy, 134, 179
Javascript, 58, 73
Java Virtual Machine, 72, 138
J. Christopher Giancarlo, 107
John Hagel, 9, 10
Juan Llanos, 109

K

Kevin Kelly, 56, 156, 157
KYC, 46, 50, 52

L

La'Zooz, 162, 163
legisladores, 55, 81, 83, 108, 157

[188]

lei, 44, 59, 94
lucro, 41, 83, 119, 149

M

marca temporal, 43
mercado, 13, 24
mercado de capitais, 162
Michael Hammer, 134
Michael Spence, 164, 174
Microsoft, 57, 104
microtransações, 21, 56, 102, 124
middleware, 39, 70, 73
multiassinatura, 123

N

narrativa, 9, 10, 38
Nassim Nicholas Taleb, 158, 174
Nicholas G., 16
Nick Dodson, 122
Nick Szabo, 19, 43, 44, 64
nuvem, 24, 55, 56, 59, 99, 143, 171

O

oráculo inteligente, 46, 47
Otonomos, 122, 128

P

P2P, 23, 24, 36, 59, 105, 111, 137, 138
padrão, 51, 76, 89
PayPal, 21, 30, 91, 92, 95, 97
Peer-to-peer, 2, 19, 24
privacidade, 40, 48, 51, 53, 55, 123
propriedade, 19, 20, 59, 109, 119, 141, 159
Propriedade Inteligente, 41, 42

prova de
autoridade, 38, 115
existência, 12, 38
propriedade, 38
proveniência, 38
recebimento, 38
suporte, 38
trabalho, 38

R

R3 CEV, 104
reengenharia, 85, 134, 148
registro de terras, 37, 86
registro distribuído, 4, 22, 123, 138, 163
regulamentação, 81, 82, 107, 116
reputação, 36, 104, 160
Ripple, 20, 50, 139
risco, 34, 40, 70, 109, 132, 169
Robert Sams, 19

S

Satoshi Nakamoto, 2, 11, 23
segurança, 12, 53, 74, 110, 168
separação, 26, 35, 52, 57
serviços financeiros, 23, 45, 83, 89, 127, 146
sociedade, 4, 56, 113, 156
softwares middleware, 39
startups, 39, 41

T

teoria dos jogos, 11, 12
TI, 16
Tierion, 145
Tim Berners-Lee, 2, 156

token, 19, 20, 27
TPS, 21
trabalho, 3, 40, 86, 90, 118, 147, 163
transações, 3, 4, 13, 12, 74, 91, 119, 152
TransActive Grid, 124

U

Uber, x, 94, 98, 160
Ucrânia, 122

V

Visa, 21, 97
Vitalik Buterin, 30, 116

W

Web3, 58
Wordpress, 5
World Wide Web, 2, 5, 6, 29, 95